YUMMY MAMI

YUMMY MAMI KOCHBUCH

ESSEN FÜR KINDER VON 0–15 JAHREN

LENA ELSTER, DOROTHEE LENNERT

Stiftung Warentest

INHALT

GUTEN MORGEN

VEGETARISCH

NICHT VEGETARISCH

SCHNELLE KLASSIKER AUS DEM VORRAT

NAAACHTISCH!

FÜR DIE KLEINSTEN

GANZ EINFACH, GANZ PRAKTISCH UND SEHR GUT

Schnell soll es gehen, gut schmecken sowieso, natürlich gesund sein und dann auch noch Spaß machen? Überhaupt kein Problem! Ob für Groß und Klein, für's Frühstück oder Kinderfest, ob Müsli oder Mittagessen, Fastfood-Burger oder Fruchteis – mit den Yummy Mami-Rezepten funktioniert's!

DAS MACHT ES EINFACH

IMPROVISIEREN Planen ist gut, Familienleben heißt aber: Immer wieder umplanen. Mit einer Vorratsliste ist das kein Problem. Damit können Sie jederzeit einfach ein paar Waffeln zubereiten, schnell eine runde Mahlzeit auf den Tisch bringen, mal eben einen Kuchen backen – und für Desserts sind die Zutaten auch immer da. Selbst wenn Sie mal keine Zeit zum Einkaufen hatten.

STRESSFREI KOCHEN Anheizen und dann Topf oder Pfanne zudecken, allenfalls leicht angeschrägt geöffnet lassen – so wird alles schneller heiß, auch bei niedrigen Temperaturen. Das spart Strom und eigene Energie: So brennt nichts so leicht an und man muss nicht ständig nachschauen.

EINFACH EINKAUFEN Exotische Gewürze oder seltene Zutaten finden sich hier nicht. Wohl aber gelegentlich Kulinarisches aus anderen Ländern, das leicht zu bekommen ist und dazu gesund, Kichererbsen zum Beispiel oder Couscous. Alkohol ist natürlich nicht dabei, statt Wein geben Säfte den Saucen Würze, das funktioniert genauso gut.

FERTIGPRODUKTE NUTZEN Beispiele für hilfreiche Fertigprodukte sind Hülsenfrüchte in Konserven, Obst und Gemüse aus der Gefriertruhe, Tomaten aus der Dose. Bei Brühe als sollte man auf zugesetzte Aromen verzichten, möglichst auch auf Geschmacksverstärker.

DAS IST GESUND

OBST UND GEMÜSE Früchte und Gemüse, die bei uns gerade Saison haben, sind top für die Umweltbilanz. Reisen rund um den Erdball tun ihnen meist auch nicht gut. Nehmen Sie lieber Tiefgefrorenes und bringen vernachlässigte Sorten wie Kohlrüben auf den Tisch. Bio ist gut – muss aber nicht sein. Anderes Gemüse ist gut und sicher genug.

FETTE UND ÖLE Rapsöl ist das optimale Öl, auch raffiniert. Es ist noch gesünder als Olivenöl, preiswert und geschmacksneutral. Cholesterinfrei? Natürlich ja, wie praktisch alle Pflanzenöle, auch wenn die Werbung anderes vermitteln mag. Tierische Fette sind meist weniger günstig: Je härter, desto geringer der Anteil an gesunden Fettsäuren. Top sind fette Fische wie Lachs oder Hering mit reichlich Omega-3-Fettsäuren. Butter in Maßen ist ok, auch aufs Brot. Etwas Butter zum Öl beim Kochen ist gut für den Geschmack.

MEHL, NUDELN, REIS Klar, mit Vollkorn sind Mehl und Nudeln gesünder – aber nicht immer beliebt. Versuchen Sie es aber ruhig mal mit Vollkornnudeln oder Mehl, das weniger stark ausgemahlen ist (Type 1005). Es braucht aber etwas mehr Flüssigkeit. Vollkornreis muss nicht sein, parboiled Reis ist eine brauchbare Alternative.

DAS SCHMECKT

WÜRZEN Der Körper braucht Salz, aber nicht zu viel. Die Rezepte dieses Buches setzen als Erstes auf den Eigengeschmack der Zutaten. Die Konsequenz: Sparsam salzen (Jodsalz mit Fluor), dazu leicht pfeffern, das schärft die Geschmacksnerven. Eine Prise Süßes wie Zucker oder Honig gibt Herzhaftem wie Saucen und Gemüse Kontrast und hebt so den Eigengeschmack – umgekehrt gilt das für eine Prise Salz in süßen Speisen. Frische Kräuter bringen natürliche und gesunde Würze. Die Kinder sehen sie wachsen, bekommen ein Gefühl für Zutaten.

ANBRATEN Ob Möhren, Zwiebeln, Kräuter oder Hackbällchen: Andünsten in etwas Fett setzt Aromastoffe frei, die ins Öl und in die Garflüssigkeit übergehen. Deshalb gerne auch mehreres hintereinander in derselben Pfanne andünsten, das verteilt die Aromen im ganzen Gericht.

BINDEN Viele Kinder lieben Sauce, Erwachsene meistens auch. Der Klassiker ist Bechamelsauce mit Mehl. Sie lässt sich mit etwas Übung fast nebenbei machen. Noch einfacher lässt sich Mehlbutter hineinreiben. Auch Frischkäse oder mal Sahne lässt sich zum Andicken direkt einrühren, ebenso Tomatenmark und Hirse- oder Haferflocken.

SÜSSEN Ohne Süße geht's nun mal nicht. Statt Zucker darf es gerne auch mal Honig oder Agavendicksaft sein. Keines davon ist gesünder, aber jedes schmeckt ein wenig anders.

DAS IST SONST NOCH WICHTIG

GRÜNDLICH GAREN Gerade noch bissfest gegart ist Gemüse vitaminreicher, aber bei den Kleinen oft nicht beliebt, – auch wenn sie sonst gerne Rohes knabbern. Hier wird alles eher gründlich gegart. Später, wenn die Kinder größer sind, reichen kürzere Zeiten. Auch Fleisch wird richtig durchgebraten. Später gilt: Filet und ähnliches von jeder Seite 2 bis 3 Minuten scharf anbraten und – wichtig – 10 Minuten im Ofen bei 80 °C warmhalten. So verteilt sich die Hitze ins Innere, das Fleisch wird gar und bleibt saftig.

PORTIONSGRÖSSEN Bei den Portionsgrößen dieses Buchs kommt eine Mahlzeit für Kleine auf etwa 350 g. Das füllt den Magen, macht fürs Erste satt. Langfristig sättigen die Inhaltsstoffe: Je nach Rezept rund 100 g und mehr an Gemüse und Beilage (wie Kartoffeln, Nudeln, Reis), vielleicht auch 50 g Fisch oder Fleisch – und dazu etwa 100 g Flüssigkeit, sprich Suppe, Brühe, Sauce. Die Erfahrung zeigt: Das sättigt, macht aber nicht pappsatt. Erwachsene essen etwa das Doppelte. Mit 4 Kindern am Tisch rechnen Sie ein Drittel der Zutaten dazu. Oder Sie verdoppeln oder verdreifachen die Mengen gleich und frieren auf Vorrat ein – dann müssen Sie nicht jeden Tag kochen.

Wenn nicht anders erwähnt, sind die Rezepte für 2 kleine und 2 große Esser gedacht.
Die Nährwerte gelten für je eine Kinderportion.

MASSE, GEWICHTE, ABKÜRZUNGEN

- → Bei kleineren Mengen geben wir nur Esslöffel (EL) oder Teelöffel (TL) an. Gemeint sind immer gestrichene Löffel, nicht gehäufte.
- → Faustregel: 3 TL gleich 1 EL.
- → Achtung: Es gibt kleinere und größere Löffel. So können Sie rechnen:

	EL	TL
Öl/Butter	10–15 g	4–5 g
Zucker/Salz	12–15 g	4–5 g
Mehl	9–12 g	3–4 g
Saure Sahne/ Joghurt	16–20 g	5–6 g

GLÜCKLICH UND GESUND

Von nichts kommt nichts. Wenn Kinder toben und turnen, spielen und lernen, brauchen Sie einen Mix von Lebensmitteln, die sich gegenseitig ergänzen. Wir geben Beispiele, wie sie wirken.

Für Genießer ist es ein Obstsalat, für die Wissenschaft ein Cocktail gesunder Biostoffe. Zum Beispiel Äpfel: Wer richtig viel davon isst, bringt seine weißen Blutkörperchen auf Trab. Am besten wirken Äpfel mit Schale. Denn wie meist bei Obst und Gemüse sitzen wertvolle Inhaltsstoffe überwiegend in und unter den Randschichten. Bei Äpfeln sind es beispielsweise entzündungshemmende Flavonoide. Wird aus Äpfeln Saft, bleiben etwa 80 % der Biostoffe in den Pressrückständen. Klarer Apfelsaft enthält sogar nur noch 3 % der Ursprungsmenge an Flavonoiden.

Auch bei anderen Säften haben die Inhaltsstoffe gelitten. Fruchtzucker ist aber immer noch reichlich vorhanden und geht aus Saft leichter ins Blut über als aus Obst. Er ist zum Durstlöschen nicht ideal, zum Müsli aber super. Der Fruchtzucker liefert sofort Energie, die allerdings schnell verpufft. Dann übernehmen die langsamen Kohlenhydrate aus den Vollkornflocken und versorgen am Vormittag gleichmäßig mit Energie.

GLÜCKSBRINGER IM ESSEN

Über die körpereigene Chemie machen wir uns beim Essen kaum Gedanken. Um satt und gesund zu machen, soll es vor allem schmecken. Zum Genuss verhilft auch ein schön gedeckter Tisch – und eine Kombination aus Fett und Kohlenhydraten. Beide heizen Serotonin an, den Botenstoff, der auch für Glücksgefühle sorgt. Das Paradebeispiel ist Schokolade. Dass Genuss auch gesund sein soll, ist kein Widerspruch. Mit dem Wissen, dass mir, meinen Kindern und der Umwelt gut tut, was auf dem Teller liegt, isst es sich entspannter. Wenn beispielsweise regional gezogenes Gemüse auf den Tisch kommt, statt von weither eingeflogenes. Ein weiteres Beispiel ist Fleisch aus artgerechter Tierhaltung.

SO GEHT'S GANZ LEICHT

Um sich gesund und glücklich zu essen, reichen ein paar Basics:

VIEL TRINKEN Am besten ist Ungesüßtes.

REICHLICH GEMÜSE UND OBST
Der Löwenanteil der Tagesmenge sollte pflanzlich sein, also Gemüse, Obst, Kartoffeln, Getreide.

FEINES FETT IN KLEINEN MENGEN
Aufs Brot kommen Butter oder Margarine, ins Essen Pflanzenöl, am besten raffiniertes Rapsöl.

MILCH UND KÄSE Bei Lebensmitteln tierischen Ursprungs sollte Milch die Hauptrolle spielen, dazu Käse und Milchprodukte. Fleisch, Fisch und Eier sollten eher Beilage sein.

MÖGLICHST WENIG VERARBEITET
Bei naturbelassenen Produkten sind die Nährstoffe am besten erhalten.

SNACKS Sie sind trotz viel Fett und Zucker in Maßen okay, am besten aber nur einmal pro Tag.

WIRKSAME WINZLINGE

Wie die Inhaltsstoffe einzeln und miteinander wirken, wird mit Hochdruck erforscht. Das gilt vor allem für die sekundären Pflanzenstoffe oder natürliche Geschmacks-, Duft- und Farbstoffe, die das Immunsystem stärken. Wer zum Beispiel eine Orange isst, nimmt viel Vitamin C auf und profitiert davon, dass die Flavonoide in den weißen Schalenteilen die Wirkung des Vitamins verstärken – da kommt keine Vitamintablette mit. Zwischen 5 000 und 10 000 sekundäre Pflanzenstoffe nehmen wir beim Essen zu uns, tagtäglich etwa eineinhalb Gramm, Vegetarier etwas mehr.

Um größere Mengen geht es bei den Mineralstoffen wie Kalzium. Davon brauchen wir etwa 1 000 mg pro Tag, besonders viel davon steckt beispielsweise in Milch, Käse oder Grünkohl. Vitamin D hilft, das Kalzium in die Knochen einzubauen. Auch sonst unterstützen sich viele Inhaltsstoffe gegenseitig: Wer Pellkartoffeln mit Quark isst, mixt pflanzliches und tierisches Eiweiß und macht es so für den Körper besonders wertvoll, leicht verdaulich und sättigend.

JE BUNTER, DESTO BESSER

Je weniger ver- und bearbeitet ein Lebensmittel ist, desto mehr ursprüngliche Nährstoffe enthält es noch. Mit Aromastoffen statt Beeren im Joghurt nimmt man den Kindern die Chance, den Originalgeschmack kennenzulernen und verzichtet auf gesundheitsfördernde Inhaltsstoffe. Je abwechslungsreicher das Essen, desto vielfältiger ist der Wirkstoffmix der Biostoffe. Die sind oft farbig, gerade für Obst und Gemüse gilt: Je bunter, desto besser.

NÄHRSTOFFE KURZ GEFASST

KOHLENHYDRATE
Günstig sind so genannte langsame Kohlenhydrate wie aus Vollkorn oder Hülsenfrüchten: Sie wandern gemächlich ins Blut und halten lange satt. Die schnellen Kohlenhydrate aus stark verarbeiteten Lebensmitteln (wie weißes Mehl und Zucker) werden umgehend verstoffwechselt. Die Folge: Der Körper will neue, man wird bald wieder hungrig.

EIWEISS Den Zellbaustein nutzt der Körper besonders leicht, wenn er aus Fisch, Fleisch oder Eiern kommt. Viel Eiweiß steckt aber auch in Nüssen, Hülsenfrüchten, Getreide und Kartoffeln.

FETT Die konzentrierte Energie hat pro Gramm rund 9 kcal, etwa doppelt so viel wie in Eiweiß und Kohlenhydraten. Fett ist aber lebenswichtig: Es speichert fettlösliche Vitamine (wie A und D), liefert wichtige Fettsäuren. Nicht zuletzt: Damit schmeckt es besser.

VITAMINE Sie sorgen dafür, dass Stoffwechselprozesse funktionieren – wie Vitamin D beim Knochenbau.

MINERALSTOFFE Das sind anorganische Bestandteile wie Kalzium für Knochen und Zähne, Eisen fürs Blut.

SEKUNDÄRE PFLANZENSTOFFE
Sie sind vor allem gut fürs Immunsystem.

GROSS UND STARK WERDEN

Nie wieder ist die Ernährung so wichtig wie während des Wachstums. Was und wie viel brauchen Kinder nach dem Babyalter, um zu stabilen Teenies zu werden? Der Weg ist verblüffend einfach.

WAS IST WICHTIG?

Die Ernährungspyramide zeigt, wie viele Portionen wovon verspeist werden sollten. Wichtig ist viel trinken. Beim Essen liegt die Betonung auf Grünzeug. Dabei ist Gemüse wichtiger als Obst und beides zusammen wichtiger als die Sattmacher aus Getreide. Milchprodukte sollte man sparsamer verwenden, Fett erst recht. Und Naschen oder Snacks? Einmal pro Tag sollte reichen. Ausnahmen gibt's aber immer.

WAS IST EINE PORTION?

In Portionen zu rechnen ist praktikabler als Kalorienzählen. Ein gutes Maß für eine Portion ist die Hand. Ein Erwachsener hat größere Hände, das jüngste Kind die kleinsten:

- *Auf eine Hand beziehungsweise in zwei gewölbte Hände passt eine Portion Reis, Nudeln, Kartoffeln, Obst oder Gemüse.*
- *Eine Handfläche entspricht etwa einer Scheibe Brot, einem Stück Fleisch oder Fisch.*
- *Nur daumengroße Portionen sollten es bei Butter, Margarine oder Öl sein, ebenso bei Süßem.*
- *Bei Gläsern geht die Rechnung so: 7- bis 9-jährige sollten pro Tag sechs Gläser à 150 ml trinken, insgesamt 900 ml. Für Kleine reichen 800 ml, für größere sollte es 1 Liter Flüssigkeit sein. Dazu zählt auch Suppe oder Melone.*

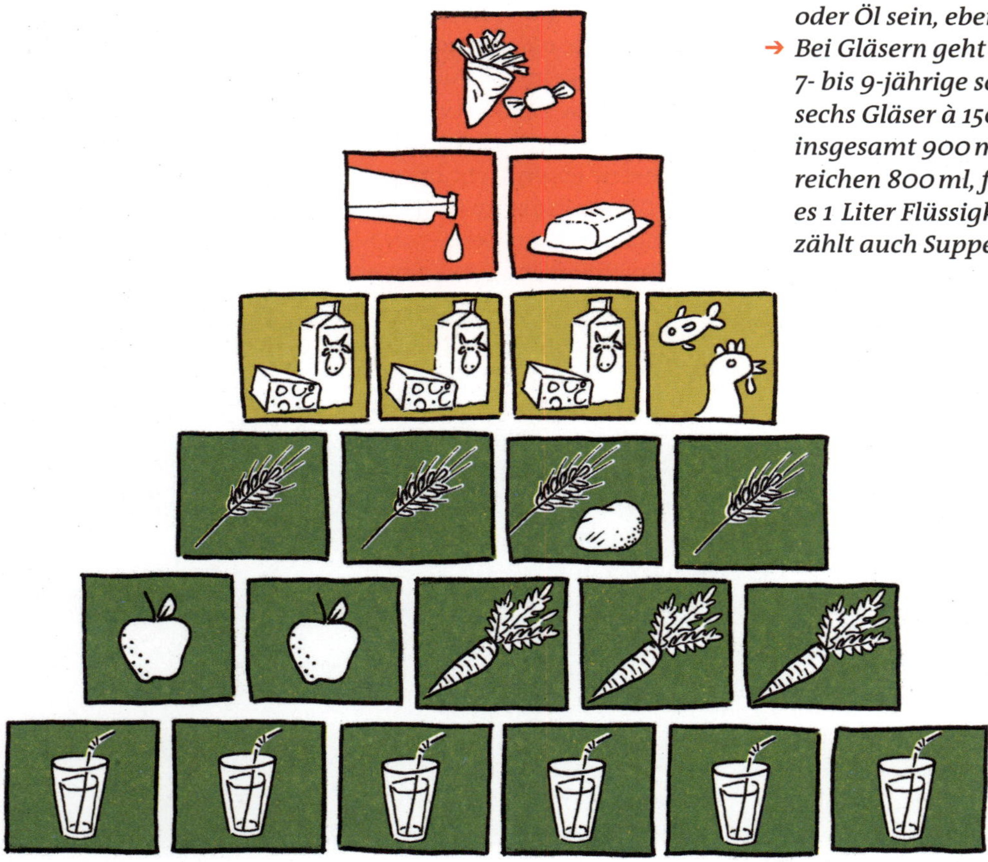

nach aid infodienst; Idee: S. Mannhardt

VEGETARISCHE ERNÄHRUNG FÜR KINDER?

Ohne Fleisch geht's auch, Kinder sollten aber wenigstens Milch und Eier bekommen. Veganer lehnen das ab, doch damit wird die Nährstoffversorgung schwierig. In der Praxis könnten dem Nachwuchs wichtige Nährstoffe fehlen.

EISEN Pflanzliches Eisen steckt vor allem in Hülsenfrüchten, Hirse, Haferflocken, Vollkorn und Gemüse wie Fenchel. Der Körper nimmt es aber schlechter auf. Da hilft Vitamin C, viel Obst ist schon deswegen wichtig.

EIWEISS Hülsenfrüchte und Vollkorn enthalten pflanzliches Eiweiß. Kombiniert mit tierischem aus Milch und Eiern ist es besonders hochwertig. Also ran an Kartoffeln mit Quark, Bratkartoffeln mit Ei und Pfannkuchen.

JOD Klassischer Lieferant ist Fisch, den manche Vegetarier ja auch essen. Wenn nicht: Milch enthält mehr Jod als früher. Zusammen mit dem Jod aus Speisesalz reicht das.

© aid infodienst.

AUCH KETCHUP IST GEMÜSE

Mindestens Fünf Portionen Obst und Gemüse am Tag bedeutet für 4-jährige insgesamt 400 g Obst und Gemüse, für 12-jährige 500 g, für Erwachsene 650 g. Das klingt mehr als es ist: In Portionen aufgeteilt macht das für einen Schulanfänger beispielsweise eine Mandarine, ein paar Apfelschnitze, dazu eine Tomate (auch als Ketchup oder Sauce), eine kleine Möhre und 3 Esslöffel (75 g) Mais oder Erbsen. Ersatzweise geht auch mal ein Glas Obst- oder Gemüsesaft.

WIE VIELE KALORIEN DÜRFEN ES SEIN?

Die drei Hauptmahlzeiten (Frühstück, Mittag- und Abendessen) sollten je etwa ein Viertel dessen ausmachen, was man pro Tag zu sich nimmt. Je ein Achtel bleibt für die beiden Zwischenmahlzeiten. Für eine 6-jährige sind das 175 kcal. Eine Milchschnitte enthält schon zwei Drittel davon. Joghurt mit etwas Obst auch, bringt jedoch mehr Biostoffe und ist sättigender.

JEDER ISST INDIVIDUELL

Kalorien taugen allenfalls als Richtschnur. Die Praxis zeigt: Kinder haben individuelle Essrhythmen. Sie essen eine Zeit lang mal mehr (wie im Wachstumsschub), mal weniger (wenn Kleine den Babyspeck abbauen). Auch Erwachsene essen nicht immer gleich. Wer tagsüber wenig isst, braucht abends größere Portionen. Gleichberechtigung gibt es bei den Kalorien nicht: Mädchen verbrauchen weniger als Jungen. Die haben mehr Muskeln – und damit einen höheren Grundumsatz. Das ist der Basisbedarf an Kalorien fürs Funktionieren von Körper und Gehirn. Ganz wichtig ist Bewegung: Auf Spielplätzen (ver-)braucht man mehr Energie als vor dem Monitor. Und dann gibt es da noch die guten Futterverwerter: Ihr Stoffwechsel nutzt jeden Bissen und jede Kalorie intensiver. Schlechtere Futterverwerter dagegen können Kalorien verbrennen, ohne Fettzellen anzulocken.

KALORIENBEDARF PRO TAG IN KCAL

Alter	weiblich	männlich
0–3 Monate	450	500
4–12	700	750
1–3 Jahre	1000	1100
4–6	1400	1500
7–9	1700	1900
10–12	2000	2300
13–14	2200	2700
15–18	2500	3100
19–24	2400	3000
25–50	2300	2900
51–64	2000	2500
65 und älter	1800	2300

VERTRAUEN IST GUT, KONTROLLE IST BESSER

Es gibt viele wunderbare Lebensmittel zu kaufen, auch in Bio-Qualität. Manches taugt aber weniger, vor allem bei Fertigprodukten lohnt sich genaues Hinsehen. Ein kurzer Leitfaden durch den Dschungel des Supermarkts.

ZUSATZSTOFFE – DIE KLEINEN HELFER

Europaweit sind rund 300 Zusatzstoffe geprüft und zugelassen, Unverträglichkeiten schließt das nicht immer aus. Rund 50 Zusatzstoffe sind auch in Biolebensmitteln erlaubt, künstliche Stoffe wie bestimmte Farb- und Süßstoffe jedoch nicht. So zum Beispiel die sechs Azo-Farbstoffe. Sie müssen den Hinweis tragen, dass sie Aktivität und Aufmerksamkeit von Kindern beeinträchtigen könnten. Tatsächlich werden solche Farbstoffe seltener, Gummibärchen öfter mit Pflanzenkonzentraten gefärbt.

WAS ZUSATZSTOFFE KÖNNEN Sie ermöglichen, dass wir Fertigprodukte in immer gleicher Qualität bekommen. Da sorgen zum Beispiel Gelier- und Verdickungsmittel für die Konsistenz (wie in Ketchup oder Tütensuppen), Konservierungsstoffe für längere Haltbarkeit. Mit Zusatzstoffen wird das Essen auch billiger: Einen Joghurt mit nur 10 % Fruchtanteil lassen Farbstoffe nach mehr aussehen, dank Aromastoffen schmeckt er auch nach mehr. Die sorgen auch im Vanillepudding aus der Tüte für Geschmack, färbendes Betakarotin bringt das appetitliche Gelb.

Meist gilt: Je länger die Zutatenlisten und je mehr Zusatzstoffe, desto stärker wurde das Produkt industriell bearbeitet. Auch die Aromastoffe sind ausgewiesen.

WO DAS AROMA HERKOMMT

„Frei von künstlichen Aromastoffen" heißt nicht, dass keine Aromastoffe drin sind. Oft sind es „natürliche Aromen". Solche Aromen müssen aber nicht aus der Frucht kommen, sie müssen nur aus natürlichem Material hergestellt sein. Für die teure Vanille ist beispielsweise Reis eine Aroma-Basis, für Erdbeere Zimtrinde. Was wirklich aus der Beere oder Schote kommt, heißt beispielsweise „Erdbeer-Aroma" oder „Vanille-Aroma".

WANN BIO SICH LOHNT

Auch Bio hat Stärken und Schwächen, zeigten test-Vergleiche von rund 1000 konventionellen und 250 Bio-Produkten. In beiden Gruppen verteilten sich die Noten ähnlich übers ganze Spektrum. Bio ist eindeutig besser bei ethischen Kriterien wie dem Tierschutz. Beim Geschmack ließ sich kein klarer Vorteil ablesen.

OBST UND GEMÜSE Hier ist Bio klar im Vorteil, weil meist frei von Pflanzenschutzmitteln. Bei konventioneller Pflanzenkost kann man da nicht sicher sein. Wenn, dann war sie aber meist nur „gering“ oder „sehr gering“ belastet.

FERTIGPRODUKTE Da gelangte Bio eher ins Hintertreffen. Ein – seltenes – Problem waren beispielsweise Keime oder auch mal der Geschmack. Möglicher Grund: Bio produziert weitgehend ohne Konservierungsmittel oder andere Zusatzstoffe.

BIO ERKENNEN „Kontrollierter Anbau“ besagt nichts, ebenso wenig „naturnah“. Nur wenn „Bio“ oder „Öko“ auf der Verpackung steht, ist Bio drin. Deshalb trägt jedes Bioprodukt einen Kodex auf dem Etikett, der die Kontrollstelle angibt.

KLIMAFREUNDLICH Bio ist nicht automatisch auch regional. Bei regionalen Produkten ist die Klimabilanz in der Regel besser – falls die Äpfel nicht monatelang im Kühlhaus gelagert wurden. Und auch nur, wenn wir nicht mit dem Auto zum Supermarkt fahren. Am besten wären Obst und Gemüse bio, regional und saisonal.

Verzichten Sie nicht auf Obst und Gemüse. Es nützt der Gesundheit weit mehr als ein gewisses Quantum an Pestiziden schadet. Entscheidend ist, dass die Kinder sich viel bewegen und ausgewogen essen. Übeltäter einer ungesunden Ernährung sind vor allem zu viel Fett und Zucker.

PFLICHTLEKTÜRE

Vorne auf der Verpackung oder dem Glas steht groß der Name wie „Johannisbeer Apfelmark“. Was wirklich drin steckt, sagt die Produktbezeichnung, meist auf der Rückseite. Beispielsweise steht dort „Apfelmark mit schwarzem Johannisbeerpüree“ – also doch mehr Apfel als Beere. Dann gibt’s unter anderem noch Angaben zum Anbieter, Los- oder Charge-Nummern.

ZUTATENLISTE Sie enthält alle Zutaten der Menge nach in absteigender Folge. Bei diesem Bio-Produkt verdeutlicht sie: knapp 80 % Apfel, rund 20 % Beere. Denn wenn eine Zutat per Bild oder Buchstaben hervorgehoben wird, muss sie beziffert werden. Allergene Zutaten, die am häufigsten Allergien auslösen, müssen angegeben werden, auch wenn es nur Spuren sind.

NÄHRWERT Der ist immer häufiger nachzulesen: Außer Kalorien auch Eiweiß, Fett, Kohlenhydrate und Kochsalz, und zwar jeweils pro 100 g. Dann gibt es noch die Angaben pro Portion mit dem Anteil am Tagesbedarf. Das klingt gut, aber: Hersteller nehmen oft recht kleine Portionen – wer ist schon mit 30 g Cornflakes oder Chips wirklich zufrieden? Außerdem: Berechnungsgrundlage ist der Bedarf von Erwachsenen. Das lässt den Anteil geringer erscheinen, als er für Kinder wirklich ist.

GELIEBTE LUXUSKALORIEN

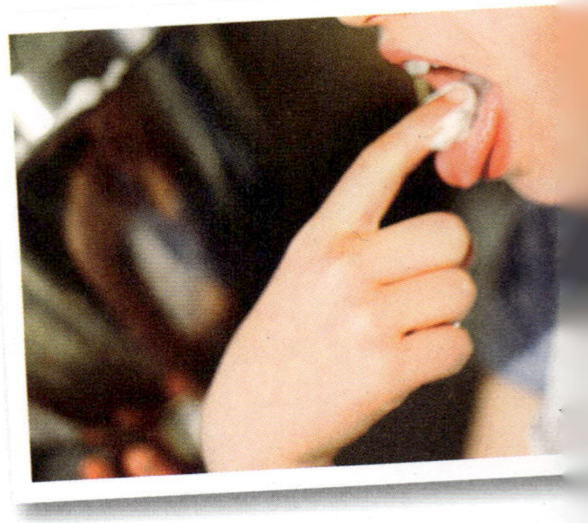

Zwischendurch und nebenbei wandert meist mehr in den Magen, als man meint. Pommes, Burger, Würstchen und Co. sind ok, aber nur ab und zu. Sonst werden sie zu Dickmachern.

Auch in der Ernährung geht es um Bilanzen. Von Kalorien und Nährstoffen braucht man bestimmte Mengen, nicht zu wenig und nicht zu viel. Zu viel wird es leicht: Zwar schlägt 1g Zucker – wie alle Kohlenhydrate – nur mit 4kcal zu Buche, 1g Fett aber gleich mit 9. Das Problem: Beide sind schnell weggeputzt, vor allem beide zusammen wie in Eiscreme, Kindersüßigkeiten, Muffins oder einer großen Streuselschnecke. Die macht satt, trägt aber außer rund 1 200kcal zu einem gesunden Tag nicht viel bei.

LEERE SÜSSE KALORIEN

Den Fruchtzucker in Obst verspeist man mit allem Gesunden, was sonst noch in Äpfeln, Bananen und Erdbeeren steckt, also auch den Vitaminen. Zucker zum Süßen liefert nur Geschmack und Kalorien ohne wertvolle Nährstoffe – leere Kalorien. Auch Fett hat seine Tücken. Es hebt Aromen, vieles schmeckt damit besser. Doch was den Gaumen erfreut, trübt schnell die Tagesbilanz: Wenig wertvolle Nährstoffe, aber viele Kalorien.

Das Forschungsinstitut für Kinderernährung (FKE) sieht das nüchtern: Etwa 90% der täglichen Kalorienmenge sollten von den wichtigsten Nährstoffträgern kommen, 10% dürfen Luxuskalorien sein – als Extra ohne großen Gesundheitswert. Allzu viel ist das nicht: Eine Schulanfängerin müsste pro Tag mit einer Portion Nuss-Nugat-Creme und einer Kugel Eis zufrieden sein, alles in allem rund 140kcal.

FASTFOOD

Das Essen auf die Schnelle ist ab und zu okay. Ein Cheeseburger sieht mit 13g Fett und 250kcal auch gar nicht schlecht aus, macht aber kaum satt. Kommen Pommes und eine kleine Limo dazu, summiert sich das schnell auf über 600kcal. Als Hauptmahlzeit geht das noch, aber nur, wenn die Zwischenmahlzeit ausfällt. Auf ähnliche Zahlen kommt ein Döner, der sogar mehr Gemüse enthält. Fazit: Nicht eben mal nebenbei wegputzen.

KINDERPRODUKTE

Von Bärchenwurst bis Kinderjoghurt – was speziell für die Junioren angeboten wird, ist meist überflüssig, oft zu süß und fett. Zum Beispiel ein Milchdrink mit Erdbeergeschmack: pro Trinkpäckchen (200ml) 117kcal ohne Erdbeeren, aber mit Farb- und Aromastoffen, mehr als 20g Zucker und entrahmter Milch, die Experten für Kinder nicht empfehlen, weil sie zu wenig wichtige fettlösliche Vitamine enthält. Oder Kakao-Getränkepulver: Es ist praktisch, besteht aber oft nur zu etwa 20% aus Kakao, der Rest ist Zucker.

FETT UND KALORIEN

	Fett (g)	kcal
Pizza Salami (320 g)	36,8	872
Burger (300 g)	25	672
Pommes frittiert (150 g)	18	400
Pommes Backofen (150 g)	12	279
Fischfrikadelle (165 g)	9,7	337
Kartoffelchips (30 g)	9	156
Schokoeiscreme (1 Kugel)	6	124
Süßer Riegel (21 g)	7,3	118
Geflügelwürstchen (42 g)	8,1	84
Nuss-Nougat-Creme (1 EL)	4,7	80
Nürnberger (21,4 g)	6,8	75

Quelle: eigene Erhebungen und „Kalorien im Griff", Elmadfa/Meyer

„Kinder fremdeln auch mit Brokkoli"

Interview mit Martina Ernst, Diplom-Psychologin, Psychotherapeutin für Kinder- und Jugendliche im Sozialpädiatrischen Zentrum an der Charité Berlin.

Was kann man tun, wenn 3-Jährige sich weigern, Gemüse zu essen?
Die Ruhe bewahren. Kinder in diesem Alter fremdeln leicht mit Essen. Wichtig ist, etwas immer mal wieder anzubieten und möglichst probieren zu lassen. So kommen Kinder meist mit der Zeit auf den Geschmack. Und: Nur überzeugte Eltern sind überzeugend. Kinder ahmen Vater und Mutter eigentlich gerne nach, auch beim Essen. Später werden auch die Freunde Vorbilder. Dann essen Kinder plötzlich das, was sie zu Hause ablehnen.

Warum ist gerade Gemüse oft ein Problem?
Das liegt an den Bitterstoffen, die Erwachsene zum Teil gar nicht bemerken. Bitter signalisiert in unserem evolutionären Programm: Vorsicht, das kann unverträglich sein. Die Vorliebe für kalorienreiches Süßes war in frühen Zeiten mit unsicherer Versorgung nur günstig.

Weshalb futtern 1-jährige dann manchmal auch gerne Oliven und Knoblauchquark?
Wenn Kinder noch ganz eng mit der Mutter verbunden sind, probieren die meisten unter ihrer Obhut vertrauensvoll, was ihnen in die Finger und in den Mund kommt. Später werden sie sinnvollerweise erst einmal skeptischer, mit 10 Jahren etwa aber wieder experimentierfreudiger.

Was taugt Süßes als Belohnung?
Nachtisch ist Nachtisch, man sollte ihn einfach genießen. Ihn als Belohnung einzusetzen, macht Gemüse erst recht schlecht.

Gibt es Tricks für Gemüsemuffel?
Gemüse gilt als das gesunde Nahrungsmittel schlechthin. Eltern sollten sich da nicht unter Druck setzen lassen, sonst wird „gesund" auch für Kinder zum Schimpfwort. Holen Sie die Kinder in die Küche, lassen sie Gemüse schnippeln oder Kräuter schneiden – das wirkt manchmal Wunder. Kinder essen oft auch einseitig, was sie geschmacklich gerade entdeckt haben, also vielleicht wochenlang nur Kürbissuppe. Tritt die sensorische Sättigung ein, folgt das nächste Geschmacks-Experiment. Schauen Sie, auf welcher Welle ihr Kind gerade surft und bleiben entspannt. Vorübergehende Einseitigkeit ist noch keine Mangelernährung.

Und was ist mit Süßigkeiten?
Verbote bringen gar nichts. Sinnvoll sind ein paar Regeln. Kindern kann man auch gut ein Gefühl für Portionen vermitteln, indem man ihnen beibringt, ihre eigenen Hände als Maß einzusetzen.

Wie wichtig sind Regeln?
Kinder brauchen Strukturen, auch gemeinsame Mahlzeiten. Mindestens eine pro Tag wäre günstig, das ist oft am Abend. Dann sollte „Genuss" die Überschrift sein. Also alle an einem Tisch, ohne Fernseher, keine Konfliktgespräche und nicht einfach weglaufen, wenn man mit dem Essen fertig ist. Ein gemeinsames Frühstück verhilft zu einem guten Start. Kinder können lernen, dass sie regelmäßig Energie tanken müssen. Dazu gehört auch mal Hunger, damit man sich übers Sattwerden freut. So bekommen sie ein Körpergefühl.

Was tun mit kleinen Daueressern?
Heute können wir überall essen, an jeder Ecke einen Snack kaufen. Das ist nicht einfach zu steuern. Stabile Familienstrukturen mit bestimmten Essenszeiten helfen. Auch Kinder essen aus Kummer oder Langeweile. Eltern können nur versuchen, die Ursache für Kummerspeck zu beseitigen und dafür sorgen, dass die Kinder durch Sport, Spiel und Freunde beschäftigt sind. Patentrezepte gibt es nicht.

GUTEN MORGEN

Abwechslung tut gut, auch schon früh morgens beim Frühstück. Hier finden Sie alles für einen Power-Start in den Tag, vom Müsli bis zum Smoothie. Auch an kleine Frühstücksmuffel ist gedacht.

GEHALTVOLL UND VITAMINREICH

Milch gehört zum Frühstück, oft auch Saft, ob im Glas oder im Müsli. Als Kalziumquelle ist Milch ideal, als Durstlöscher aber zu gehaltvoll. Saft bringt schnell Vitamine und wichtige Biostoffe, eignet sich aber besser als gelegentlicher Obstersatz, weniger gegen den Durst.

Wenn Kinder Milch nicht mögen: Kakao zum Frühstück ist ok, Joghurt ein guter Ersatz. Milch lässt sich auch untermogeln, zum Beispiel in Pfannkuchen und Kartoffelpüree, in Saucen und Suppen. Auch Nüsse, Kräuter und bestimmte Gemüse haben viel Kalzium.

Am wichtigsten ist aber: Schicken Sie den Nachwuchs an die frische Luft. Um Kalzium in die Knochen einzubauen, braucht der Körper Bewegung und Vitamin D. Das bildet sich dank der UV-Strahlung über die Haut. Und bringen Sie viel Obst und Gemüse auf den Tisch, das fördert den Knochenstoffwechsel.

WARUM IST MILCH SO WICHTIG?

Mit ihr kommen alle am schnellsten und einfachsten zu dem Knochenbaustoff Kalzium. Für Schulanfänger sollten es etwa 350 ml pro Tag sein, für 10-jährige etwa 400 ml, das sind 2 große Gläser. Der Rest des benötigten Kalziums kommt aus anderen Lebensmitteln wie Gemüse (siehe Tabelle links).

SO VIEL KALZIUM STECKT DRIN

	mg pro 100 g
Parmesan	1 178
Gouda	820
Mandeln	252
Petersilie	245
Grünkohl	212
Rukola	160
Milch, Joghurt	120
Fenchel	109
Magerquark	92
Brokkoli	87

MUSS ES VOLLMILCH SEIN?

Nein. Vollmilch kommt auf mindestens 3,5 % Fett, das ist günstig für etwas schmalere Kinder. Wer schon früh zu Rundungen neigt, sollte teilentrahmte Milch mit 1,5 % Fett bekommen, um Kalorien zu sparen. Nicht geeignet ist entrahmte Milch, sie hat zu wenig von den fettlöslichen Vitaminen A und D. Das Plus für Bio-Milch von glücklichen Kühen von der Weide: Sie enthält etwas mehr günstige Fettsäuren.

WANN IST H-MILCH IN ORDNUNG?

Eigentlich immer. H-Milch ist praktisch, sie hält sich mindestens fünf Monate im Vorrat. Beim Hocherhitzen verliert sie etwa 20 % an Vitaminen, das hält sich in Grenzen und ist selbst für Babys noch okay. Bei normaler Frischmilch sind es etwa 10 %. Um Keime abzutöten, wird sie ebenfalls erhitzt (pasteurisiert), und zwar 15 bis 30 Sekunden auf 72 bis 75 °C. Frischmilch hält sich im Kühlschrank ein paar Tage, so genannte „Länger Haltbare“ Milch sogar bis zu drei Wochen. Dafür wurde sie aber auch länger erhitzt und hat dabei etwas mehr Vitamine einbüßen müssen. Nicht geeignet ist Rohmilch, denn sie kann Krankheitskeime enthalten. Daher muss sie zu Hause abgekocht werden, wobei mehr Vitamine zerstört werden als durch das kurze Pasteurisieren.

WAS BRINGEN JOGHURT, QUARK UND KÄSE?

Joghurt ist, was Kalzium angeht, ein guter Milchersatz. Viele Kinder lieben ihn, vor allem mit Fruchtgeschmack. Aber: Der Fruchtgehalt ist oft minimal, dafür stecken Aroma- und andere Stoffe drin. Mixen Sie Joghurts lieber selbst, dann wissen Sie, was wirklich drin ist. Und mit einem Teelöffel unserer Marmelade kommt das auf gerade mal rund 90 Kalorien pro 100 g, mit fettarmem Joghurt sogar nur auf rund 70. Auch Quark macht stark, allerdings weniger durch Kalzium als vor allem reichlich Eiweiß. Ein richtiger Kalziumkracher ist Käse, je trockener und härter, desto inhaltsreicher (siehe Tabelle). 25 g Gouda entspricht beim Kalzium einem Glas Milch.

WO GIBT'S AM MEISTEN FRUCHT?

Nur wenn Saft draufsteht, können Sie mit 100 % Fruchtgehalt rechnen. Bei Säften aus Konzentrat werden die Früchte gepresst, das Wasser entzogen und Aromen aufgefangen. Später kommt alles wieder zusammen. Direktsaft kommt direkt aus der Fruchtpresse in die Flasche. Multivitaminsäfte enttäuschten bei test-Untersuchungen: Nur selten waren vollwertige Fruchtsäfte dabei, umso öfter synthetische Vitamine. Babysäfte werden besonders streng kontrolliert. Schadstoffe waren aber auch sonst bei test-Untersuchungen von Apfel- und Orangensäften kein Problem. Naturtrüber Apfelsaft hatte mehr gesunde sekundäre Pflanzenstoffe als klarer.

IST FRUCHTNEKTAR BESONDERS WERTVOLL?

Ganz klar nein. Er enthält je nach Frucht nur 25 bis 50 % Fruchtsaft, der Rest ist Wasser und zugesetzter Zucker. Für Fruchtsaftgetränke reicht noch weniger Fruchtsaft. Für Nektar und Fruchsaftgetränke wichtig: Studieren Sie Etikett und Zutatenliste, dort muss auch der Fruchtsaftanteil stehen. Taucht Glukose- oder Glukose-Fruktose-Sirup auf, wurde nicht mit Zucker gesüßt, sondern mit Billigzuckerstoffen aus Mais- oder Weizenstärke.

WAS TAUGEN SMOOTHIES?

Die gemixten Früchte in flüssiger Form sollen außer Kernen die ganze Frucht enthalten. Fertigprodukte tun das aber häufig nicht. Oft sind darin auch Säfte und Konzentrate enthalten, zum Teil auch Gemüse. Und manche Smoothies aus dem Regal sind sehr süß. Wir machen Smoothies selbst (siehe Seite 30) Smoothies und auch Saft können gelegentlich eine Portion Obst ersetzen. Frisches Obst ist aber besser, auch für die Zähne.

In Säften steckt ähnlich viel Zucker wie in Limos. Der ist zwar fruchteigen, aber auch kalorienreich. Ein Glas Orangensaft hat kaum weniger Kalorien als eine Cola. Mixen Sie zum Durstlöschen am besten eine Schorle aus einem Drittel Saft und zwei Dritteln Wasser. Das bietet mehr gesunde Inhaltsstoffe als Fertigmixe, ganz sicher aber weniger Zucker, löscht den Durst also besser.

MILCHBRÖTCHEN

90 MIN, DAVON 15 AKTIV ◆ 220 KCAL, 6 g E, 4 g F, 39 g KH

Die saftig-weichen Brötchen sind nur auf den ersten Blick ein wenig umständlich zuzubereiten. Sie brauchen zwar etwas Zeit, um aufzugehen – es lohnt sich aber.

❶ Mehl in eine große Schüssel geben, in der Mitte eine Mulde bilden. Die Milch leicht erwärmen, mit Hefe und Honig mischen und in die Mulde gießen. Mit einer Gabel die Mischung mit etwas Mehl zu einem dünnen Vorteig rühren, dabei die Außenränder der Mulde stehen lassen. Das Ganze mit einem Handtuch abdecken und 30 Min. bei Zimmertemperatur gehen lassen, der Teig soll sich etwa verdoppeln.

❷ Die Butter schmelzen, gemeinsam mit dem Salz unter den Teig mischen. Alles mit bemehlten Händen glattkneten, evtl. noch etwas Mehl dazugeben, erneut mit einem Handtuch abgedeckt etwa 30 Min. gehen lassen. Den Backofen auf 250 °C (Ober-/Unterhitze) vorheizen.

❸ Teig kurz durchkneten, zu einer Rolle formen, anschließend in 10 gleichgroße Stücke teilen. Diese dann zu Kugeln formen und auf einem Backblech mit Backpapier verteilen. Mit einem Messer in jede Kugel ein tiefes Kreuz ritzen.
10 bis 15 Min. goldbraun backen. Auf einem Rost abkühlen lassen.

FÜR 10 STÜCK

- 500 g Weizenmehl, Type 550
- 240 ml Milch
- 1 Würfel Backhefe (oder 2 Tütchen Trockenhefe)
- 1 ½ EL Honig
- 40 g Butter
- 1 TL Salz

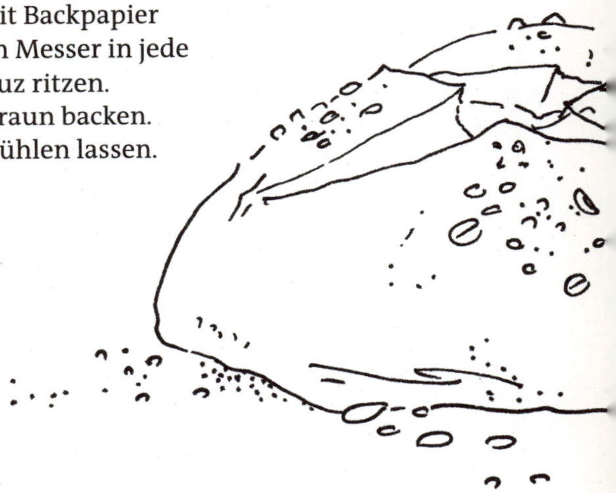

DINKELKROSSER

70 MIN, DAVON 15 AKTIV ◆ 85 KCAL, 2 g E, 1 g F, 15 g KH

Den kleinen Vollkornbrötchen mit knackiger Kruste geben mitgebackene Keimlinge den saftig-nussigen Biss. Selbst Morgenmuffel können sie noch vor dem Frühstück backen: Einfach alle Zutaten verkneten, etwas warten und ab in den Ofen.

❶ Alle Zutaten in einer großen Schüssel zu einem recht festen Teig verkneten. Mit einem Handtuch zugedeckt bei Zimmertemperatur 30 Min. gehen lassen, das Teigvolumen soll sich etwa verdoppeln.

❷ Den Backofen auf 200 °C (Ober-/Unterhitze) vorheizen. Ein Backblech mit Backpapier auslegen. Arbeitsfläche und Hände leicht mit Mehl bestäuben, den Teig zu einer dünnen Rolle formen und in etwa 3 cm x 3 cm dicke Kugeln schneiden. Auf dem Backblech verteilen, leicht über Kreuz einritzen und mit Wasser oder Milch bestreichen. Etwa 25 Min. im heißen Ofen auf der zweiten Schiene von unten backen. Die Krosser schmecken mit süßem Aufstrich, aber auch herzhaft.

FÜR ETWA 25 STÜCK

- 250 g Dinkelmehl
- 250 g Dinkel-Vollkornmehl
- 100 g Keimlinge, z. B. Erbsen- oder Mungosprossen (oder gehackte Nüsse)
- 1 Würfel Backhefe
- 200 – 250 ml Wasser
- 2 EL Rapsöl
- 1 ½ TL Salz
- 1 EL Zuckerrübensirup (oder Honig)

MUNTERMACHER-MÜSLI

Der perfekte Start in den Tag: Müsli sind schnell zubereitet, setzen die kleinen grauen Zellen in Trab, halten den Blutzucker im Lot und lange satt. Dafür sorgen reichlich Ballaststoffe, langsame Kohlenhydrate und gute Fette.

Flocken & Co. Es muss nicht naturbelassenes Frischkorn sein. Flocken sind immer Vollkorn, egal ob zart oder kernig, ob Hafer, Dinkel oder Roggen. Für Cornflakes (aus Mais) oder diverse Pops gilt: Sie sind meist intensivst bearbeitet und reichlich gezuckert. Als gelegentliche Knusper-Zugabe sind sie aber okay. Achten Sie auf die Zutatenliste.

Früchte, Nüsse und mehr Frisches Obst ist super, vor allem Beeren, sie haben die meisten Vitamine und Vitalstoffe. Trockenobst bringt reichlich Ballaststoffe. Leinsamen liefert gute Fette, Ballast- und Schleimstoffe, geschrotet noch besser als ganz. Leinsamen wird aber schnell ranzig, daher kühl aufbewahren und nicht zu viel auf Vorrat kaufen.

Vorbereiten Beeren abends zum Auftauen aus dem Eis holen. Manche mögen sie auch gefroren im Müsli. Gemischtes Obst der Saison erst morgens schnippeln und entkernen. Wenn Zeit bleibt: Nüsse, Leinsamen und Flocken fettfrei in der Pfanne rösten, so werden sie noch aromatischer.

OBST-MÜSLI

FÜR EINE PORTION ⊖ 5–10 MIN ◆ 300 KCAL, 9 g E, 8 g F, 46 g KH, 8 g B

- 2 EL Haferflocken
- 1 TL Leinsamen, geschrotet
- 3 EL Trockenobst, gewürfelt (z. B. Aprikosen, Pflaumen)
- 50 ml Orangensaft
- 50 g Naturjoghurt
- etwa 150 g Obst, bunt gemischt (z. B. 5 Weintrauben, 2 Erdbeeren, 2 Apfel- und 4 Birnenspalten)

Flocken, Leinsamen und Trockenobst in eine Schüssel geben, Orangensaft darübergießen, dann den Joghurt und das Obst darauf geben.

NUSS-BANANEN-MÜSLI

FÜR EINE PORTION ⊖ 5–10 MIN ◆ 370 KCAL, 19 g E, 12 g F, 45 g KH, 7 g B

- 3 gehäufte EL Speisequark
- 2 EL Milch
- 1 TL Agavendicksaft (oder Zucker)
- 2 EL Haferflocken
- 2 EL Haferpops
- 1 TL Leinsamen, geschrotet
- 2 TL Nüsse, gehackt (z. B. Mandeln, Walnüsse)
- ½ Banane, in Scheiben

Den Quark mit 1 EL Milch und dem Agavendicksaft schön glattrühren. Flocken, Pops, Leinsamen und Nüsse in eine Schale geben, darüber erst 1 EL Milch, dann Quark und Bananenscheiben.

BEEREN-MÜSLI

FÜR EINE PORTION ⊖ 5–10 MIN ◆ 300 KCAL, 11 g E, 7 g F, 45 g KH, 8 g B

- 50 g Naturjoghurt
- 1 TL Agavendicksaft (oder Zucker)
- 3 EL Haferflocken
- 2 EL Haferpops
- 1 TL Leinsamen, geschrotet
- 1 TL getrocknete Cranberries, grob gehackt
- 2 EL Milch
- 3 EL Beeren, frisch oder tiefgefroren

Joghurt mit Agavendicksaft mischen. Pops, Flocken, Leinsamen und Cranberries in einer Müslischüssel vermengen. Erst Milch dazugeben, dann Joghurt und Beeren.

Haferflocken sind top. Noch besser ist es, ab und zu die Getreidesorte zu wechseln. So werden die verschiedenen Biostoffe genutzt.

Nektarine/Limette
Brombeere/Anis
Erdbeere/Pfeffer
Himbeere/Vanille

SOMMERMARMELADEN – AUCH IM WINTER

Selbst gemachte Marmeladen kann man süßen und würzen wie man gerade mag. Unsere enthalten etwa halb soviel Zucker wie herkömmliche aus dem Supermarkt. Mit tiefgefrorenen Früchten sind sie jederzeit machbar und das ganze Jahr über sommerlich köstlich.

Kochen Mindestens 3 Minuten sprudelnd, dabei immer wieder rühren. Dann die Gelierprobe machen: 1 TL Marmelade auf eine Untertasse geben und kurz darüber pusten. Wenn sie dann nicht geliert, noch kurz weiterkochen.

Vorbereiten Die Gläser mit kochendem Wasser ausspülen. Die heiße Marmelade direkt aus dem Topf einfüllen, die Gläser kurz auf den Kopf stellen. Vor dem Öffnen ganz auskühlen lassen, am besten 2 Tage.

Extra haltbar machen Ist gut, muss aber nicht sein. Dazu den Ofen auf 200 °C (Ober-/Unterhitze) vorheizen und die gefüllten Gläser etwa 20 Minuten in einer mit Wasser gefüllten Fettpfanne erhitzen.

HIMBEER-VANILLE-MARMELADE

FÜR JE 4 GLÄSER à 400 g ⏲ 20 MIN ◆ PRO TL ETWA 22 KCAL

1100 g Himbeeren, frisch oder tiefgefroren
1 Vanilleschote
550 g Gelierzucker 2:1

Die Beeren kurz musig kochen und durch ein Sieb streichen. Wen die Kerne nicht stören, spart sich das, nimmt aber nur 900 g Beeren. Die Vanilleschote längs aufschlitzen, das Mark auskratzen, dazugeben. Zucker unter Rühren einrieseln lassen. Weiterkochen wie oben beschrieben.

WÜRZIGE BROMBEER-MARMELADE

FÜR JE 4 GLÄSER à 400 g ⏲ 20 MIN ◆ PRO TL ETWA 22 KCAL

1100 g Brombeeren, frisch oder tiefgefroren
2 Sternanis
550 g Gelierzucker 2:1

Die Beeren kurz musig kochen und durch ein Sieb streichen (siehe Himbeer-Marmelade). Sternanis dazugeben, den Zucker unter Rühren einrieseln lassen. Weiter verfahren wie oben beschrieben, vor dem Abfüllen Sternanis herausfischen.

FEURIGE ERDBEER-MARMELADE

FÜR JE 4 GLÄSER à 400 g ⏲ 20 MIN ◆ PRO TL ETWA 22 KCAL

1100 g Erdbeeren, frisch oder tiefgefroren
550 g Gelierzucker 2:1
2 TL grüner Pfeffer in Lake

Beeren kurz musig kochen und durch ein Sieb streichen (siehe Himbeer-Marmelade). Den Pfeffer dazugeben, Zucker unter Rühren einrieseln lassen. Weiter verfahren wie oben beschrieben.

FRISCHE NEKTARINEN-MARMELADE

FÜR JE 4 GLÄSER à 400 g ⏲ 20 MIN ◆ PRO TL ETWA 22 KCAL

1 unbehandelte Limette
1500 g Nektarinen
550 g Gelierzucker 2:1

Die Limette grob abreiben und achteln. Die Nektarinen entsteinen, es sollen 1100 g Fruchtfleisch bleiben. Musig kochen. Limettenabrieb und -achtel dazugeben, Zucker unter Rühren einrieseln lassen. Weiter verfahren wie oben beschrieben, vor dem Abfüllen die Limettenachtel herausfischen.

BALLAST MACHT DAS LEBEN LEICHTER

Eine Schale voller Müsliflocken schmeckt schon kleinen Kindern. Das ist gut so, denn im vollen Korn steckt so ziemlich alles, was der Mensch zum Leben braucht – vor allem Ballaststoffe. Es muss aber nicht immer pures Vollkorn sein.

BROTBILANZ DER BALLASTSTOFFE

Brot / Ballaststoffe je 100 g	
Weißbrot	3–4 g
Vollkorntoast	6 g
Roggenvollkornbrot	9 g

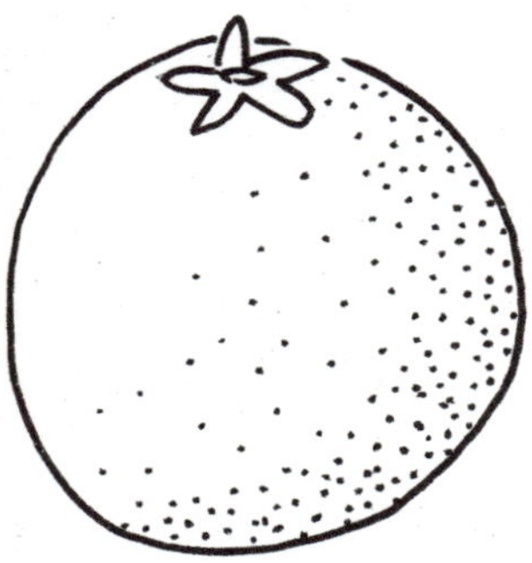

WARUM SIND BALLASTSTOFFE WICHTIG?

Einst galten sie als unnütz, weil sie fast vollständig wieder ausgeschieden werden – Ballast eben. Heute weiß man: Auf dem Weg durch unser Inneres tun sie viel Gutes, halten die Verdauung in Schwung, stärken das Immunsystem und helfen gegen Erkrankungen. Weil sie aufquellen, füllen sie Magen und Darm, sättigen gründlich und praktisch kalorienfrei. Für Erwachsene sollten es rund 30 g Ballaststoffe pro Tag sein, für Kinder je nach Kalorienbedarf entsprechend weniger. Vorteil für Vegetarier: Ballaststoffe stecken nur in Pflanzlichem, besonders in Getreide und Hülsenfrüchten. Aber auch manche Obst- und Gemüsesorten enthalten eine satte Portion.

Es muss nicht ständig Vollkorn sein und auch keine karge Körnerkost. Die Light-Version reicht: Wenn Vollkorn etwa die Hälfte der täglichen Getreidemenge ausmacht, ist das ok. Schon Vollkorntoast und ein paar Löffel Flocken im Müsli bringen viel. Reichlich Obst und Gemüse ergänzen das. Den Vollkornanteil der Produkte finden Sie auf Etikett und Zutatenliste.

MÜSSEN ES GROBE KÖRNER SEIN?

Nein. Feines Vollkornmehl ist völlig in Ordnung, egal ob in Brot oder im Pfannkuchen. Hauptsache, es wurde aus dem vollen Korn gemahlen. Vollkorntoast ist also gerade für Kleine eine gute Wahl. Vollkornmehl kann ziemlich hell sein. Dunkler Brotteig ist jedenfalls kein Beweis für Vollkorn, eher für färbende Zusätze wie Zuckerrübensirup. Mehrkorn klingt zwar gut, heißt aber nur, dass Brot oder Brötchen mehrere Getreidesorten enthalten, die nicht Vollkorn sein müssen. Da hilft nur: Die Zutatenliste auf der Packung genau durchlesen oder beim Bäcker nachfragen.

WAS BRINGEN HAFERFLOCKEN UND -POPS?

Haferflocken sind immer Vollkorn, auch wenn sie noch so zart sind: Sie werden mit allem Drum und Dran gewalzt, erhitzt, getrocknet. Auch Weizen, Roggen, Gerste und Dinkel gibt es als Flocken, gemischt auch als Basismüsli.

WAS EMPFIEHLT SICH FÜRS MÜSLI?

Haferflocken natürlich, auch sonst alle Flocken. Wer's lieber knackig-knusprig mag, wählt Vollkornflakes, -fleks und ähnliches. Das ist zwar kein pures Vollkorn, aber ein Anteil von 50 % und mehr reicht. Den sehen Sie auf der Packung, ebenso den – meist mäßigen – Zuckeranteil. Cornflakes und Co. dagegen gehören zu den industriell am stärksten bearbeiteten Produkten. Darunter leiden die Nährstoffe. Zugesetzte Vitamine und Mineralstoffe sollen das ausgleichen. Für manchen liest sich so eine Auflistung auf der Packung gut, tatsächlich ist es überflüssig. Meist sind solche Produkte auch stark gezuckert, alles in allem oft eher Süßigkeiten. Die kann man dann gelegentlich ins Müsli geben.

LIEBER VOLLKORNREIS ODER -NUDELN?

Beim Reis tut's auch weißer geschälter Reis, wenn er parboiled ist: Dieses Verfahren vor dem Schälen erhält den größten Teil der Nährstoffe. Vollkornnudeln haben deutlich mehr Ballast- und Mineralstoffe, Vitamine und Folsäure. Sie schmecken allerdings nicht jedem. Einen Versuch sind sie aber wert, dank neuer Rezepturen haben sie auch kulinarisch gewonnen.

WARUM TUN ÄPFEL UND BIRNEN GUT?

Viele Kinder lieben Obst, weil es so schön süß ist. Eltern lieben es, weil es Vitamine, sekundäre Pflanzenstoffe und reichlich Ballaststoffe schon zum Frühstück liefert. Das sind nicht nur feste, sondern auch lösliche wie Pektin, das zum Beispiel reichlich in Äpfeln steckt. Je bunter das Obst, desto besser – die natürlichen Farbstoffe sind wichtige Biostoffe und garantieren eine gesunde Rundum-Versorgung. Deshalb sind gerade bunte Beeren so gut. Äpfel und Birnen sind am besten mit Schale, darin und dicht darunter sind diese Stoffe am stärksten konzentriert.

WIE VIEL SOLL'S DENN SEIN PRO TAG?

Mindestens zwei Portionen pro Tag, also jeweils eine Handvoll. Die sind bei kleinen Kindern schnell mit ein paar Apfelschnitzen, einer Mandarine oder einer halben Banane gefüllt. Mehr ist natürlich besser, besonders für Gemüsemuffel. Für Kinder eignet sich vor allem geschnippeltes Obst: Von Apfelschnitzen essen sie mehr als wenn sie in ganze Äpfel beißen müssen.

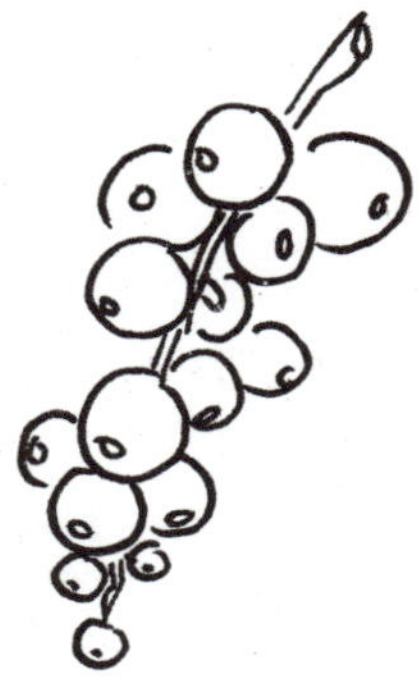

WAS TAUGEN OBST-KONSERVEN?

Sie sind gar nicht so schlecht und auf jeden Fall deutlich besser als gar kein Obst. Klar, die Vitamine haben beim Erhitzen gelitten. Aber eher weniger, als wenn Sie zu Hause Kompott kochen. Mineral- und Ballaststoffe sind weitgehend erhalten, manche sekundäre Pflanzenstoffe sogar besser verwertbar.

Bieten Sie Ihren Kindern zuerst und immer wieder frisches Obst an, vor allem mit Schale. Dass man wie bei Äpfeln intensiv kauen muss, ist nur gut: Es kräftigt die Zähne, massiert das Zahnfleisch und regt den Speichelfluss an. Der schützt vor zahnschädigenden Fruchtsäuren im Obst. Bei Säften und Smoothies gibt es diesen Effekt nicht. Frisches Obst füllt den Magen auch länger als Saft und sättigt so besser.

SMOOTHIES FÜR JEDEN

Weich, glatt, cremig – das sind nicht nur die Bedeutungen des englischen Worts smooth, sondern auch die angenehmen Eigenschaften von Smoothies. Weitere Pluspunkte: ganz schnell fertig und voller wichtiger Biostoffe. Denn anders als bei Säften wird das Obst meist mit Schale püriert. Diverse Gemüse dürfen es auch sein, für Frühstücksfaule sogar sättigende Haferflocken.

Mixen Zutaten in ein hohes Gefäß geben und mit Pürierstab oder Standmixer schön glatt pürieren. Am besten erst einmal mit einem Teil der Flüssigkeit, dann den Rest zugießen.

Verflüssigen Obst und Gemüse sind je nach Sorte und Reifegrad unterschiedlich fest. Die Konsistenz ist aber auch Geschmackssache. Verdünnen Sie Ihren Mix nach Wunsch mit Saft, (Mineral-)Wasser oder Milch.

Kühlen Schön kalt schmecken Smoothies am besten. Das klappt mit Zutaten aus dem Kühlschrank, auch Obst kann dort einige Stunden bleiben. Tiefgefrorene Beeren senken die Temperatur. Gute Mixer zerkleinern auch Eiswürfel.

Mitnehmen Gut verschlossen transportiert – am besten im Thermobecher – schmecken Smoothies auch in der Pause.

SCHOKO-MÜSLI ZUM TRINKEN

FÜR 2 PORTIONEN ⊙ 10 MIN ♦ 300 KCAL, 10 g E, 15 g F, 31 g KH, 6 g B

- 1 kleiner Apfel (oder Birne)
- 1 kleine Banane
- 2 EL Nüsse nach Wunsch (z. B. Walnüsse, Mandeln, Haselnüsse)
- 200 ml Milch
- 75 g Naturjoghurt
- 1 ½ EL Kakao, ungesüßt
- 3 EL zarte Haferflocken

Für den sättigenden Frühstücksersatz Apfel oder Birne waschen, nicht schälen, Kerngehäuse ausschneiden. Alles grob zerkleinert mit der geschälten Banane und den restlichen Zutaten fein pürieren. Wenn Zeit bleibt: Nüsse vorher in einer Pfanne ohne Fett rösten, bis sie zu duften beginnen.

APFEL-BIRNE-SMOOTHIE

FÜR 2 PORTIONEN ⊙ 10 MIN ♦ 150 KCAL, 1,5 g E, 1,5 g F, 33 g KH, 2,5 g B

- 2 kleine Birnen, sehr reif
- 1 kleiner Apfel
- ½–1 EL Honig
- einige Blätter frische Minze
- 200 ml Apfelsaft, naturtrüb
- ½–1 EL Zitronensaft
- 75 ml Mineralwasser, medium

Früchte entkernen, nicht schälen. Die Birne mit Honig, Minze, Apfel- und Zitronensaft fein pürieren. Mineralwasser unterrühren, den Apfel in feinen Spalten dazugeben.

TOMATEN-GURKE-SMOOTHIE

FÜR 2 PORTIONEN ⊙ 10 MIN ♦ 80 KCAL, 3 g E, 4 g F, 7 g KH, 4 g B

- ½ Salatgurke
- ½ rote Paprikaschote
- 10 Cherrytomaten
- 2 kleine Selleriestangen
- 100–150 ml Tomatensaft
- ½ TL Fenchelsamen (oder Fencheltee aus dem Beutel)
- einige Spritzer Zitronensaft
- Salz, Pfeffer, Zucker
- 6 Stiele frischer Basilikum
- 1 EL schwarze Oliven

Gemüse waschen, Kerne (Paprika) und Stielansätze entfernen, Selleriestangen kappen, schälen. Alles in groben Stücken zusammen mit dem Tomatensaft pürieren, mit Zitronensaft, Salz, Pfeffer und einer Prise Zucker abschmecken. Oliven und Basilikum grob gehackt in die Gläser geben, mit der Flüssigkeit auffüllen.

HIMBEER-BANANE-SMOOTHIE

FÜR 2 PORTIONEN ⊙ 10 MIN ♦ 125 KCAL, 2 g E, 26 g KH, 4 g B

- 150 g Himbeeren, frisch oder tiefgefroren
- 1 mittelgroße Banane, gerne reif mit ein paar braunen Flecken
- 1 EL Honig
- 150 ml Orangensaft

Für eine sättigende Obstportion sämtliche Zutaten schön glatt mixen, je nach Geschmack mit mehr Saft verdünnen.

LEBERWURSTCREME MIT SCHNITTLAUCH

FÜR 6–8 PORTIONEN
200 g Kalbsleberwurst
2 EL Frischkäse, etwa 13 % F. i. Tr.
1 kleine Schalotte
½ Bund Schnittlauch
1 kleiner Apfel
2 Selleriestangen

Mit ein paar einfachen Tricks verwandelt sich Leberwurst in eine köstliche Creme: Schnittlauch und Schalotten sorgen für Biss und leichte Schärfe. Darüber kommen Apfel- und Selleriescheiben.

❶ Die Leberwurst mit dem Frischkäse glattrühren. Die Schalotte schälen, in hauchfeine Würfel schneiden, den Schnittlauch in sehr feine Röllchen. Die Schalotte und einen Teil des Schnittlauchs unter die Leberwurst mischen.

❷ Für den weiteren Belag den Apfel waschen, vierteln, entkernen und in feine Scheiben schneiden. Den Stangensellerie waschen, die Enden kappen, grobe Fasern abziehen, evtl. sogar schälen, in hauchfeine Scheiben schneiden. Jeweils eine Scheibe Brot mit dem Wurstmix bestreichen, die Apfel- und Sellerieschieben darüberlegen, mit dem restlichen Schnittlauch bestreuen.

10 MIN ◆ PRO PORTION 120 KCAL, 6 g E, 10 g F, 2 g KH

PAPRIKACREME

FÜR 6–8 PORTIONEN
175 g Ajvar
75 g Frisch- oder Hüttenkäse
1 Bund Kräuter nach Wahl

Ajvar ist eine Paprikapaste aus den Balkanländern. Man schätzt sie dort als mäßig scharfe Würze, auch zu Fleisch und Brot. Hierzulande gibt es die Paste fertig in Gläsern zu kaufen. Mit Frischkäse wird daraus ein milder vegetarischer Aufstrich.

Den Ajvar mit dem Frisch- oder Hüttenkäse mischen. Die Kräuter waschen, trockenschleudern, die Blättchen fein hacken und unter die Käsemischung geben. Den etwas körnigen Biss von Hüttenkäse mögen manche besonders, andere gar nicht. Der Frischkäse kann ruhig fettreduziert sein.

5 MIN ◆ PRO PORTION 40 KCAL, 1 g E, 2,5 g F, 5 g KH, 2 g B

TOMATEN-KÜRBISKERN-PASTE

⏱ 15 MIN ◆ PRO PORTION 150 KCAL, 5 g E, 14 g F, 10 g KH, 1 g B

Dieses kerngesunde, hocharomatische Pesto schmeckt nicht nur auf Brot, sondern auch zu Pasta- und Reisgerichten.

❶ Die Kürbiskerne in einer Pfanne ohne Fett rösten, bis sie zu duften beginnen. Die gröberen unteren Teile der Basilikumstiele abschneiden. Das Basilikum waschen und vorsichtig trockenschleudern.

❷ Den Käse in groben Stücken mit den Kürbiskernen und getrockneten Tomaten samt Öl zu einer feinen Paste pürieren. Dann das Basilikum ohne grobe Stiele mit pürieren, evtl. auch noch etwas Rapsöl. Mit Salz abschmecken. Hält sich gekühlt unter einer Schicht Öl auch wochenlang.

Falls keine Tomaten in Öl vorhanden sind: durch 250 g getrocknete Tomaten und 50 ml Rapsöl ersetzen. Sehr trockene Tomaten vorher kurz in kochend heißes Wasser mit 1 EL Essig geben.

FÜR 10 PORTIONEN

100 g Kürbiskerne, geschält
1 großer Topf Basilikum
70 g Parmesan (oder Pecorino)
1 Glas eingelegte getrocknete Tomaten, etwa 250 g
1–2 EL Rapsöl
Salz

MÖHREN-NUSS-CREME

⏱ 10 MIN ◆ PRO PORTION 80 KCAL, 2 g E, 7 g F, 6 g KH, 1 g B

Diese fruchtige Creme bekommt durch Curry ihre besondere Note, geröstete Nüsse verleihen ihr etwas knackigen Biss.

❶ Die Haselnüsse in einer Pfanne ohne Fett rösten (Achtung, sie brennen schnell an!), abkühlen lassen. Dann in einen Gefrierbeutel geben und mit einem Nudelholz zerkleinern, alternativ mit einem Topf fest darauf drücken.

❷ Die Möhren schälen, fein reiben, mit dem Frischkäse vermengen und mit Currypulver oder Kreuzkümmel mischen. Mit Zitronensaft, Salz und Pfeffer abschmecken. Die gehackten Nüsse daruntermischen. Die Creme hält sich zugedeckt im Kühlschrank mehrere Tage.

FÜR 6–8 PORTIONEN

3–4 EL Haselnüsse, gehackt
200 g Möhren
100 g Frischkäse, etwa 13 % F. i. Tr.
1–2 TL Currypulver (oder Kreuzkümmel)
etwas Zitronensaft
Salz, Pfeffer

SÜSSES PESTO

FÜR RUND 200 g
1 Topf Basilikum
3 EL Mandeln, gestiftelt
4 EL Rapsöl
1–2 EL Honig
(oder Agavendicksaft)
50 g weiße Schokolade

Weiße Schokolade im Basilikum-Pesto? Das klingt ungewöhnlich und überrascht. Die Paste ist ein Genuss auf getoastetem Brot, schmeckt Süßschnäbeln aber auch zu Milchreis, Grießbrei oder frischen Früchten.

❶ Die Basilikumblätter von den Stielen zupfen, waschen und trockenschleudern.

❷ Die Mandeln im Blitzhacker oder mit dem Pürierstab zerkleinern, anschließend mit den Basilikumblättern, Öl, Honig und einer Prise Salz fein pürieren.

❸ Die Schokolade hineinreiben und verrühren. Wenn die Zeit reicht, die Mandeln vorher in einer Pfanne ohne Fett rösten, bis sie zu duften beginnen.

⏱ 15 MIN ◆ PRO EL (20 g) 125 KCAL, 19 g E, 11 g F, 4 g KH, 1 g B

HONIG-VANILLE-BUTTER

FÜR 280 g
250 g weiche Butter
2–3 EL Honig
½ Vanilleschote (oder 1 Tütchen echtes Vanille-Aroma)

Butter lässt sich ganz leicht mit ein paar Zutaten variieren – zum Beispiel mit aromatischer Vanille und Honig. Probieren Sie auch die anderen Varianten!

❶ Die weiche Butter mit dem Honig zu einer glatten Masse mischen, das geht gut mit einer Gabel oder dem Mixer. Die halbe Vanilleschote längs aufschneiden, das Mark mit einem kleinen Löffel auskratzen und vorsichtig unter den Buttermix rühren. Vorsicht: Zu intensives Rühren gibt der Butter einen braungrauen Ton.

❷ Kühl und abgedeckt stehen lassen, damit das Aroma durchziehen kann. Gekühlt etwa 10 Tage haltbar.

VARIANTEN

Scharf Ein oder zwei kleine rote Chilis fein gehackt geben das gewisse Gaumenkitzeln.

Als Würze Eine kleine Portion zum Steak oder Filet in die Pfanne geben oder zu Gemüse mit leichter Eigensüße (Möhren oder Zuckerschoten).

⏱ 10 MIN ◆ PRO EL (10 g) 80 KCAL, 8 g F, 15 g KH

⏱ 10 MIN ♦ PRO EL (20 g) 40 KCAL, 1 g E, 2 g F, 8 g KH

FRISCHKÄSE MIT ORANGENMARMELADE

Die Kombination aus Orange und Ingwer macht diesen Aufstrich besonders aromatisch. Schön durchgezogen schmeckt er noch besser.

Den Frischkäse mit Orangenmarmelade und Honig mischen, die Orangenschale darunter rühren. Wer mag, mischt noch fein gehackten kandierten Ingwer darunter. Der Aufstrich ist aber nur begrenzt haltbar und sollte nach 3 bis 4 Tagen gegessen sein.

VARIANTEN

Leicht scharf Statt kandiertem Ingwer eingelegten nehmen.

Mit Johannisbeeren 200 g Frischkäse mit 50 g rotem Johannisbeergelee und 1 Tütchen Vanillezucker gut verrühren, mit 50 g Johannisbeeren – frisch oder tiefgefroren – bestreuen.

Frühstücksfremd Eine Hühnerbrust mit Orangen-Frischkäse füllen, mit Zahnstochern schließen, rundherum 15 bis 20 Min. sanft braten.

FÜR 250 g

- 200 g Frischkäse, vollfett oder fettreduziert
- 35 g Orangenmarmelade
- 1 EL Honig
- 2 EL geriebene Orangenschale
- 2 EL kandierter Ingwer(optional)

⏱ 5 MIN ♦ PRO EL (20 g) 50 KCAL, 1,5 g E, 3 g F, 4 g KH, 0,5 g B

NUSS-NUGAT-CREME LIGHT

Bevor Sie am Frühstückstisch darüber diskutieren, ob die verführerisch-süße Nuss-Nugat-Creme angesagt ist, probieren Sie einfach diese Light-Version. Sie hat nur etwa halb so viel Fett, Zucker und Kalorien wie ihre Schwester aus dem Supermarktregal.

Die Nuss-Nugat-Creme mit dem Frischkäse verrühren, das Kakaopulver untermischen. In ein Glas mit Schraubdeckel füllen und kalt stellen. Die Creme hält sich gekühlt einige Tage.

FÜR 280 g

- 125 g Nuss-Nugat-Creme
- 125 g Frischkäse, etwa 13 % F. i. Tr.
- 2 TL Kakao, schwach entölt

TIPPS FÜR ELTERN:

→ *Vorsicht beim Umgang mit dem Pürierstab: Erklären Sie den Kindern, wie das Gerät funktioniert und zeigen ihnen, wie man damit umgeht, ohne sich zu verletzen.*

→ *Die Marmelade hält sich ein paar Tage im Kühlschrank, einfrieren geht auch.*

→ *Das Kompott sollte bei mäßiger Hitze kochen. Kleinere Kinder nicht alleine an den heißen Herd lassen!*

BEERENSAFT, APFELKOMPOTT UND KALTE BLAUBEERMARMELADE

Aus Obst lassen sich viele tolle Sachen zubereiten, zum Beispiel Saft, Marmelade und Kompott, das man zu Pudding oder Eis essen kann. Das geht ganz einfach: Nehmt euch die Beeren, ein paar andere Zutaten und einen Pürierstab – und schon kann's losgehen!

1 Für den Saft müssen tiefgekühlte Beeren aufgetaut werden, frische gewaschen – wenn ihr Erdbeeren nehmt, zupft ihnen die Stiele ab. Dann steckt ihr die Früchte in einen hohen Mixbecher und püriert sie mit dem Mixstab. Danach einfach mit kaltem Sprudelwasser verrühren. Vielleicht mit Agavendicksaft ein wenig süßen, notfalls geht auch Zucker. Wer Basilikum oder Minze mag, kann sie mit dem Obst zusammen pürieren.

2 Für die Marmelade müsst ihr die Beeren auch auftauen lassen bzw. waschen. Dann püriert ihr sie zusammen mit 75 g Honig und mischt das Johannisbrotkernmehl unter, immer einen Teelöffel nach dem anderen. Jetzt probieren, ob die Marmelade schon schmeckt. Wenn nicht, könnt ihr ein paar Spritzer Zitronensaft und etwas Zucker oder Honig reinmischen. Füllt die Marmelade dann in ein heiß ausgespültes Marmeladenglas und stellt sie kalt.

3 Für das Kompott Äpfel oder Birnen – oder beides gemischt – waschen. Dann von oben nach unten halbieren und die Hälften nochmal von oben nach unten halbieren. Jetzt lassen sich die Kerne ganz leicht herausholen. Danach die Früchte in kleine Stücke schneiden. Mit dem Dicksaft, Vanillezucker, Zitronen- und Apfelsaft in einem Topf verrühren. Jetzt muss das Kompott 7 bis 10 Min. kochen. Wenn ihr Fruchtstücke mögt, dann nehmt es lieber schon nach 7 Min. vom Herd.

BEERENSAFT

ZUTATEN FÜR 1 l (5 GLÄSER)

- 300 g Himbeeren oder Erdbeeren, frisch oder tiefgefroren
- 600 ml kaltes Mineralwasser, am besten still
- Agavendicksaft nach Wunsch
- einige Stiele Basilikum oder Minze (optional)

KALTE BLAUBEERMARMELADE

ZUTATEN FÜR 400 g

- 300 g Blaubeeren (oder andere Beeren), auch tiefgefroren
- 75 g heller Blütenhonig (oder Agavendicksaft)
- 2–3 gestrichene TL Johannisbrotkernmehl

APFELKOMPOTT

ZUTATEN FÜR 1 kg

- 1 kg aromatische Äpfel wie Cox Orange, Boskop (oder Birnen)
- 150 ml Apfelsaft
- 2 EL Zitronensaft
- 120 ml Agavendicksaft
- 1 Tütchen Bourbon-Vanillezucker

BEERENSAFT ◆ PRO GLAS (200 ML) 20 KCAL, 1 g E, 3 g KH, 3 g B KALTE BLAUBEERMARMELADE ◆ PRO EL (20 g) 20 KCAL, 4 g KH, 1 g B APFELKOMPOTT ◆ PRO PORTION (200 g) 180 KCAL, 1 g F, 41 g KH, 3 g B

VEGETARISCH

Ohne Fleisch ist langweilig? Von wegen! Man muss kein Vegetarier sein, um unsere bunten Gemüsemahlzeiten zu lieben. Diese Rezepte sind einfallsreich, aber trotzdem einfach – damit wird jeder auch fleischlos glücklich, rundum satt und zufrieden.

VORFAHRT BEI GRÜN, GELB UND ROT

Eltern wissen: Gemüse ist gesund. Für Kinder ist das kein Argument, eher im Gegenteil. Doch keine Sorge, Vorlieben für eine oder zwei Sorten reichen aus. Vielfalt wäre besser, aber Möhren oder Kartoffeln können den Basisbedarf decken.

WARUM IST GEMÜSE SO GUT?

Das Grünzeug hat unschlagbare Vorteile. Vor allem liefert es eine satte Portion wichtiger Biostoffe bei viel Volumen, das kalorienarm den Magen füllt – ein besseres Schlankheits- und Gesundheitsrezept gibt es nicht. Die Ballaststoffe machen schnell satt, weil sie den Magen füllen. Ob fest (als Faser) oder löslich (wie Pektin): Ballaststoffe gibt es nur in pflanzlichen Lebensmitteln. Wobei Gemüse gesundheitlich gesehen dem Obst den Rang abgelaufen hat. Süßes Obst mögen Kinder aber meist lieber.

WIESO HAT BROKKOLI SO EINEN GUTEN RUF?

Die grünen Röschen gelten als das Anti-Krebs-Gemüse schlechthin. Seine Schwefelverbindungen (Glucosinolate) wirken unter anderem gegen Entzündungen. Kohl jeder Art steckt voller Ballaststoffe, die schon für sich eine Schutzfunktion haben. Für Kinder eignet sich Spitzkohl, er wird schnell angenehm weich. Die meisten Sorten enthalten dazu viel Vitamin C. Rosenkohl, Brokkoli und Grünkohl zum Beispiel.

WAS BRINGEN MÖHREN?

Dass Möhren gelb-orange leuchten liegt am Beta-Karotin. Daraus stellt der Körper Vitamin A her, das sonst nur in Tierischem zu finden ist. Mit rohen Möhren knabbert man zwar reichlich Ballaststoffe, Beta-Karotin kann der Körper so aber kaum verwerten. Mit etwas Fett gegart geht das deutlich besser. Kinder mögen dazu frische zarte Erbsen, auch die sind voller Ballaststoffe.

WAS IST MIT GRÜNEM GEMÜSE?

Auch Grün und Rot signalisieren: Hier sind Karotinoide und Flavonoide am Werk. Beta-Karotin steckt auch in Spinat oder Brokkoli. Alle grünen Gemüse enthalten reichlich Folsäure, hierzulande Mangelware. Eine Paprikaschote hat voll ausgereift zudem dreimal soviel Vitamin C wie eine kleine Orange.

IST KETCHUP WIRKLICH GESUND?

Ganz klar ja – auch wenn in so einer Flasche einiges an Zucker steckt. Lykopin heißt das Zauberwort. Der Inhaltsstoff der Tomate gehört zu den Karotinoiden, erhitzt und zerkleinert verwertet ihn der Körper besonders gut. Wer Tomaten häutet und entkernt, bringt sich aber um viele Ballaststoffe und Vitamine.

WAS MÖGEN KINDER?

Kinder lieben alles Tomatige, Blumenkohl und die meisten Kohlarten eher weniger – vor allem anfangs, denn für den kleinen Organismus ist Kohl schwer verdaulich. Dass auch Kohlrabi oder Fenchel schmecken, beweisen die Gerichte in diesem Buch. Beliebt sind zum Beispiel auch die nussig-süßlichen Kohlrüben. Spinat findet meist eher püriert Anklang. Kaufen Sie ruhig gefrorenen Rahmspinat, nichts spricht dagegen, wie test-Untersuchungen zeigten.

MACHEN KARTOFFELN WIRKLICH SCHLANK?

Ja, aber nur, wenn man keine fetten Saucen dazu isst. Mit rund 70 kcal pro 100 g sind sie ein natürliches Light-Produkt, das gut und lange sättigt. Dabei bieten Kartoffeln jede Menge wichtiger Inhaltsstoffe wie Vitamine und pflanzliches Eiweiß. Günstig sind auch die sättigenden Ballaststoffe, ebenso die ähnlich wirkende resistente Stärke, die sich über Nacht in gekochten Kartoffeln bildet – ein Plus für Kartoffelsalat und Bratkartoffeln.

WAS IST MIT POMMES UND PÜREE?

Die knusprigen Pommes wären ideal, wenn das viele Fett nicht wäre. Besonders viel speichern lange, dünne Pommes aus der Fritteuse. Eine mittlere Portion (150 g) bringt es mit einem Schuss Mayo (145 kcal) leicht auf 500 kcal. Für Kinder ist das mehr als eine Hauptmahlzeit. Manche Pommes aus dem Ofen haben nicht einmal halb so viel Kalorien.

GEHT AUCH MAL PÜREE AUS DER TÜTE?

Ja sicher. Wasser kochen, Milch und Flocken unterrühren – Püree aus der Tüte ist ganz fix fertig. Selbst Gemachtes braucht aber nicht viel länger und hat weder Farb- noch andere Zusatzstoffe. Wenn es schon mal Fertigpüree sein muss, dann peppen Sie es fantasievoll auf mit Kräutern, Knoblauch, Parmesan.

GEMÜSEMUFFEL – NA UND?

Gemüse ist gesund und schön bunt. Das Auge isst mit – der Nachwuchs aber nicht. Was hilft?

GEDULD Kleinkinder werden oft gegen minimalste Bitterstoffe im Gemüse empfindlich. Das gibt sich.

GELASSENHEIT Eine Gemüsesorte reicht, notfalls sogar nur Kartoffeln.

FINGERFOOD Rohes Schnippelgemüse findet oft mehr Anklang.

KETCHUP Ketchup enthält konzentrierte Tomate und damit viele Vorteile. Sie können ihn auch selber machen (siehe Seite 102).

MOGELEI Totalverweigerern Gemüse püriert und schön gewürzt als Suppe oder Sauce untermogeln. Nutzen Sie auch die Vorliebe der Kinder für Tomatiges, servieren Sie Gemüselasagne, Bolognese, Minestrone (siehe Seite 42).

WAHLFREIHEIT Größere Gemüsestücke aus der Suppe fischen und getrennt servieren. So bekommt jeder seine Favoriten – und über die Brühe schon mal den Geschmack anderer Sorten.

WIEDERHOLUNG Immer wieder anbieten und probieren lassen macht auch Gemüse liebenswert.

WIE VIEL SOLL'S DENN SEIN?

Es ist gar nicht so viel: für Erwachsene 400 g Gemüse, für Kinder entsprechend weniger, aufgeteilt in 3 Portionen. Probieren Sie: Eine Möhre kommt schon auf 125 g, ebenso eine mittlere Tomate. Gemüse kann auch mal püriert sein, als Smoothie oder Gemüsesaft. Hauptsache, es landet Pflanzliches im Magen. Mehr ist immer besser.

MINESTRONE

Der italienische Klassiker steckt voller mediterraner Aromen von Thymian und geschmortem Gemüse. Tomaten gehören immer dazu, probieren Sie ihn aber auch mit anderen Zutaten, die alle am liebsten mögen. Gut schmeckt Parmesan dazu.

200 g Blumenkohl
200 g Brokkoli
100 g Knollensellerie
100 g Petersilienwurzel
300 g Möhren
2 Schalotten
1 Lorbeerblatt
5 Stiele frischer Thymian (oder 1 TL getrockneter)
2 EL Rapsöl
1 EL Tomatenmark
300 g Fleischtomaten (oder gestückelte Tomaten aus der Dose)
100 g Zucchini
600 ml Gemüsebrühe (Instant)
200 g kleine Nudeln
1 Bund Basilikum
Salz, Pfeffer, Zucker

❶ Das Gemüse waschen. Blumenkohl und Brokkoli in Röschen schneiden. Sellerie, Petersilienwurzel und Möhren schälen und würfeln, Schalotten schälen und sehr klein schneiden. Die Tomaten vierteln, den Stielansatz entfernen. Tomaten würfeln, ebenso die ungeschälten Zucchini.

❷ Das Gemüse, Lorbeerblatt und die ganzen Thymianstiele mit 2 EL Rapsöl in einem großen Topf etwa 3 Min. scharf anbraten. Das Tomatenmark unterrühren. Mit Salz, Pfeffer und einer Prise Zucker abschmecken. Tomaten- und Zucchiniwürfel zu dem tomatisierten Gemüse geben und 2 Min. mit anbraten. Die Brühe dazugießen und alles etwa 15 Min. ohne Deckel köcheln lassen, noch einmal abschmecken. Lorbeerblatt und Thymianzweige herausfischen.

❸ Die Nudeln in den Topf geben und mitgaren, bis sie bissfest sind. Das Basilikum waschen, vorsichtig trockenschütteln, die Blätter abzupfen und in Streifen schneiden. Beim Servieren über die Teller geben.

◷ 40 MIN, DAVON 25 AKTIV ♦ 230 KCAL, 10 g E, 6 g F, 30 g KH, 8 g B

Diese Minestrone bringt Gemüse satt: Mit einer Portion haben Groß und Klein schon fast so viel verspeist, wie täglich erwünscht ist. Keine Zeit zum Schnippeln? Tiefgefrorenes Gemüse geht auch, am besten mit frischen Möhren dazu.

Thymianstiele im Ganzen mitzugaren spart Zeit, man muss sie nicht abzupfen. Die Kinder können sie dann beim Essen herausholen. So sehen und begreifen sie, wie Kräuter würzen.

⊙ 40 MIN ♦ 240 KCAL, 10 g E, 10 g F, 26 g KH, 9 g B

BROKKOLIBULETTEN MIT MÖHRENPÜREE

Die Grundlage für die knusprigen Gemüsebuletten sind Pellkartoffeln. Die halten sich im Kühlschrank mehrere Tage. Das Püree lässt sich ganz einfach nebenbei machen.

MÖHRENPÜREE

- 800 g Möhren
- 180 g rohe oder gekochte Kartoffeln
- 2 EL Rapsöl

BROKKOLIBULETTEN

- 500 g Brokkoli, tiefgefroren
- 400 g Pellkartoffeln, vom Vortag
- 2 Eier, Größe M
- 3 – 4 EL Semmelbrösel
- je 1 EL Butter und Rapsöl

❶ Für das Püree Möhren und Kartoffeln schälen, in grobe Stücke schneiden und in 400 ml leicht gesalzenem Wasser 20 Min. kochen. Beim Abgießen das Kochwasser zurückbehalten. Alles mit 2 EL Rapsöl pürieren, nach und nach Kochwasser bis zur gewünschten Konsistenz dazugeben. Eventuell nachsalzen.

❷ Für die Buletten inzwischen den aufgetauten Brokkoli in kleine Röschen (etwa 1,5 cm x 1,5 cm) zerteilen. Die Pellkartoffeln schälen und fein reiben, mit den Eiern und dem Brokkoli richtig gut vermengen, mit Salz würzen.

❸ Aus der Masse etwa 12 kleine Kugeln formen und so in den Semmelbröseln rollen, dass sie rundherum dünn beschichtet sind. In einer großen Pfanne in je 1 EL Butter und Rapsöl 5 bis 7 Min. bei mittlerer Hitze knusprig braun braten. Falls die Kugeln leicht zerfallen, einfach vor dem Braten etwas platt drücken. Mit dem Möhrenpüree servieren.

Pellkartoffeln auf Vorrat sind nicht nur super für Bratkartoffeln und Salat. Sie halten sich gekühlt einige Tage – und nach dem Kochen entwickeln sie zusätzliche Ballaststoffe, die sog. resistente Stärke.

Wer Fett sparen möchte, nimmt statt Sahne einfach Vollmilch . Die Sauce wird so ein wenig dünnflüssiger, das schadet hier aber nicht.

BLUMENKOHL-BROKKOLI-CURRY MIT BASMATIREIS

⌚ 30 MIN ♦ 330 KCAL, 14 g E, 19 g F, 24 g KH, 6 g B

Ein würziges, aber mildes und kunterbuntes Curry, mit dem es sich herrlich ein wenig matschen lässt. Kein Wunder, dass kleine Kinder es besonders mögen!

❶ Den Reis erst unter fließendem Wasser in einem Sieb waschen, bis das ablaufende Wasser klar ist, anschließend in 225 bis 250 ml kochendes, leicht gesalzenes Wasser geben und 15 Min. ziehen lassen. Das Wasser soll bei schräg aufgelegtem Deckel nur leicht sieden, nicht mehr sprudelnd kochen. Stehen lassen.

❷ Das Gemüse waschen, putzen und in mundgerechte Stücke schneiden, die Petersilienwurzel kleiner würfeln. Blumenkohl, Möhren und Petersilienwurzel in je 1 EL Butter und Öl in einer Pfanne 4 bis 6 Min. scharf anbraten. Den Curry kurz mitrösten, dann Sahne, Milch und Brühe dazugeben und mit dem Brokkoli noch einmal kurz aufkochen. Mit Salz, Pfeffer und einer Prise Zucker abschmecken. Basilikum waschen, trocken schütteln, Blätter kleingehackt unter das Gemüse geben. Zum Reis servieren.

150 g Basmatireis
500 g Blumenkohl
100 g Möhren
25 g Petersilienwurzel
1 EL Butter
1 EL Rapsöl
1–2 TL Currypulver
50 g Sahne
150 ml Milch
350 ml Gemüsebrühe (Instant)
400 g Brokkoli, frisch oder tiefgefroren
½ Bund Basilikum
Salz, Pfeffer, Zucker

FARFALLE MIT ZUCCHINI, TOMATEN UND OLIVEN

⌚ 20 MIN ♦ 410 KCAL, 13 g E, 9 g F, 67 g KH, 5 g B

Kinder mögen keine Oliven? Von wegen, manche lieben sie geradezu. Probieren Sie es! Sonst gibt es sie zu diesem mediterranen Nudelgericht einfach als Beilage dazu.

❶ Die Schalotten schälen und würfeln. Kräuter waschen, trockenschleudern, die Blätter in feine Streifen schneiden. Gemüse waschen. Zucchini an den Enden kappen, würfeln. Tomaten halbieren, den Strunk entfernen, in kleine Würfel schneiden, dabei den Saft auffangen.

❷ Die Zucchini mit den Schalotten in 1 EL Rapsöl 2 bis 3 Min. scharf anbraten. Die Tomaten mit dem Saft und den Oliven dazugeben. Kurz durchrühren, mit 1 EL Butter, Salz, einer Prise Zucker und Zitronensaft abschmecken.

❸ Die Pasta mit 1 EL Salz in etwa 4 l Wasser bissfest kochen. Abgießen, tropfnass zu der Gemüsesauce geben. Alles gut durchmischen, die Kräuter darüber streuen und in einer großen Schüssel servieren. Wer mag , nimmt gehobelten Parmesan darüber.

2 Schalotten
½ Bund Basilikum
½ Bund glatte Petersilie
300 g Zucchini
400 g Tomaten, am besten 300 g Fleisch- und 100 g kleine Roma-Tomaten
1 EL Rapsöl
1 EL Butter
100 g schwarze Oliven, entsteint
50 g grüne Oliven, entsteint
1 TL Zitronensaft (oder heller Balsamessig)
500 g Farfalle (oder andere kurze Pasta)
Salz, Zucker

PELLKARTOFFELN, QUARK, KRÄUTER UND KNACKIGES GEMÜSE

Pellkartoffeln und Quark finden Sie bieder? Dann hübschen Sie diesen Klassiker der deutschen Küche doch mal mit knackigen Gemüsesticks auf. Gerade Kinder knabbern sie gerne. Das aromatische Leinöl gibt eine besondere – und gesunde – Note. Olivenöl geht aber auch.

1 kg kleine festkochende Kartoffeln, am besten Drillinge
500 g Quark, am besten je zur Hälfte mit 20 und 40 % Fett i. Tr.
50 ml Milch
1 EL Zitronensaft
je 1 rote und gelbe Paprikaschote
4 Selleriestangen, möglichst hell
400 g Möhren
1 Salatgurke
2–3 Bund gemischte Kräuter, z. B. glatte Petersilie, Basilikum, Kerbel, Dill, Schnittlauch
2 EL Leinöl (oder Olivenöl)
Salz, Zucker

❶ Die Kartoffeln gründlich waschen, in reichlich Wasser mit 2 EL Salz 20 bis 25 Min. kochen.

❷ Den Quark mit Milch cremig rühren, mit Salz, Zucker und Zitronensaft abschmecken, kühl stellen.

❸ Das Gemüse waschen, nach Wunsch schälen. Die Paprikaschoten halbieren und entkernen. Von den Selleriestangen den Wurzelansatz und die grünen Blätter abschneiden. Jede Stange von innen mehrmals anschneiden, auseinanderbrechen und die Fäden abziehen. Das Gemüse nach Wunsch in Stücke oder Streifen schneiden. Die Kräuter waschen, trocken schleudern und klein schneiden. Entweder unter den Quark heben – oder für vorsichtige Kinder und Kräuterneulinge erst einmal zum Probieren separat dazu servieren und beim Essen individuell untermischen.

❹ Die Kartoffeln abgießen, kurz mit kaltem Wasser abschrecken – so lassen sie sich einfacher pellen! – und abdampfen lassen. Vor dem Servieren etwas Leinöl über den Quark träufeln. Dazu die Gemüsestreifen in kleinen Gläsern auf den Tisch stellen, ebenso die Kartoffeln. Man kann sie nach Wunsch mit oder ohne Schale essen und auch gut bei Tisch pellen.

⌚ 30 MIN ● 320 KCAL, 15 g E, 12 g F, 35 g KH, 10 g B

Für Empfindliche oder ganz kleine Kinder eventuell auch die Paprikaschoten und Selleriestangen mit einem Sparschäler schälen.

#1

TIPP FÜR ELTERN:

→ *Beim Kleinschneiden am besten helfen. Übrigens: Stumpfe Messer sind nicht ungefährlicher als scharfe! Mit denen macht das Schneiden mehr Mühe und man rutscht leichter ab.*

SALAT FÜR ALLE

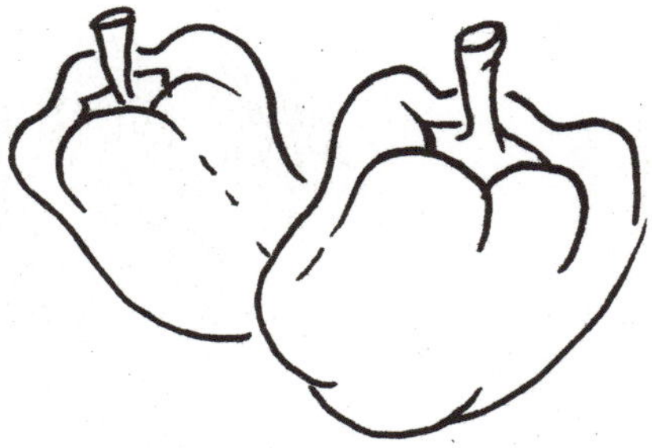

Grünzeug schnippeln ist nicht schwer, und gemischt mit Salatblättern und Sauce, die beim Salat Dressing heißt, hat man ganz schnell einen Salat, der euch genauso gut schmeckt wie den Erwachsenen. Von den drei Rezepten kann sich jeder seinen Lieblingssalat aussuchen.

❶ Zuerst zupft ihr die Salatblätter auseinander – außer beim Rukola. Dann füllt ihr eine Salatschleuder mit Wasser, legt die Blätter hinein und gießt das Wasser ab. Dann schleudert ihr sie vorsichtig trocken. Jetzt braucht ihr noch ein paar Kräuter wie Basilikum, Petersilie oder Schnittlauch: Auch die muss man waschen und trockenschleudern. Die Blättchen abzupfen und kleinhacken (oder lasst das von einem Erwachsenen machen).

RUKOLA MIT BIRNE

50 g Rukola
3 Selleriestangen
½ Salatgurke
1 Tomate
1 große reife Birne
gemischte frische Kräuter
dazu: Senf-Dressing

❷ Je nachdem, welchen der Salate ihr macht, wascht ihr nun das Gemüse und schneidet es klein. Lasst euch dabei am besten von Großen helfen. Bei Tomaten müsst ihr den Stielansatz entfernen, bei Paprika die Kerne. Sellerie, Zwiebel und Gurke schneidet ihr in dünne Scheiben, Tomate und Paprika in kleine Stücke. Den Mozzarella könnt ihr mit den Händen in kleine Stücke reißen, die Birne solltet ihr schälen und kleinschneiden.

GEMISCHTER SALAT

75 g Eisbergsalat (etwa ein halber kleiner Kopf)
3–4 mittelgroße Tomaten
1 kleine Paprikaschote
½ Salatgurke
gemischte frische Kräuter
dazu: Joghurt-Dressing

❸ Jetzt wird gemischt: Je nach Rezept erst die festeren Zutaten wie Sellerie und Gurkenscheiben in eine Schüssel geben und gut mit dem Dressing vermischen. Dann kommen die anderen Zutaten wie Mozzarella oder Birne und die Salatblätter dazu und alles wird nochmal gründlich gemischt.

MOZZARELLA MIT TOMATE

1 Mini-Romanasalat
2 Selleriestangen
2–3 mittelgroße Tomaten
1 mittelgroße rote Zwiebel
1 Mozzarella-Kugel
20 Oliven, schwarz oder grün
gemischte frische Kräuter
dazu: Essig und Öl

❹ *Essig und Öl* passt zu fast allen Salaten: 1 EL hellen Balsamessig und 3 bis 4 EL Raps- oder Olivenöl über den Salat träufeln.
Senfdressing: 2 TL milden Senf mit 1 TL Honig, 2 EL dunklem mildem Essig und 4 EL Olivenöl verrühren.
Joghurtdressing: 150 g cremigen Naturjoghurt mit je 1 TL Honig und Öl sowie 1 EL Zitronensaft verrühren.

Zum Schluss über alle Salate ein paar Körnchen Salz und die Kräuter geben. Etwas Pfeffer aus der Mühle schadet auch nicht.

SPAGHETTI MIT GEMÜSEBOLOGNESE

1 mittelgroße Möhre
75 g Knollensellerie
ca. 25 g Petersilienwurzel
200 g Blumenkohl
200 g Brokkoli
1 Bund glatte Petersilie
500 g Spaghetti
150 g Mais
1 EL Butter
1 EL Rapsöl
1 Lorbeerblatt
400–450 g gestückelte Tomaten
300 ml Gemüsebrühe (Instant)
Parmesan (optional)
Salz

Diese Spaghetti sind bunt und gesund. Welche Gemüsesorten Sie reinschnippeln, bleibt Ihrer Kreativität überlassen!

❶ Möhre, Sellerie und Petersilienwurzel schälen und in kleine Würfel schneiden (Kantenlänge etwa 1 cm), Blumenkohl und Brokkoli in kleine Röschen schneiden. Petersilie waschen, trockenschütteln, die Blättchen grob hacken.

❷ Spaghetti in 4 bis 5 l Wasser mit 1 EL Salz bissfest kochen. Das Gemüse – bis auf Mais und Brokkoli – mit je 1 EL Rapsöl und Butter und dem Lorbeerblatt in einer großen Pfanne 3 bis 5 Min. anrösten. Mit den gehackten Tomaten und der Brühe bei mäßiger Hitze und halb aufgelegtem Deckel etwa 10 Min. köcheln lassen. Brokkoliröschen und Mais in die Tomatensauce geben, 2 bis 3 Min. mitkochen, abschmecken, Petersilie unterrühren.

❸ Die Nudeln abgießen, noch tropfnass in die Schüssel geben. Die mischt jeder nach Wunsch mit der Gemüsebolognese und reibt auch Parmesan darüber.

⏲ 25 MIN ◆ 400 KCAL, 14 g E, 6 g F, 72 g KH, 7 g B

BUNTES GEMÜSE MIT REIS

GEMÜSEREIS
150 g Reis, am besten parboiled
2 EL Butter
2–3 EL Mehl
400 ml Gemüsebrühe (Instant)
400 ml Milch
500 g gemischtes Gemüse (z. B. 1 mittelgroße Möhre, ¼ Brokkoli, 1 kleiner Kohlrabi, je 1 Hand voll Blumenkohl, Erbsen und Mais)
Salz
1–2 gekochte Eier pro Person (optional)
Salz, Pfeffer, Muskat

Diese bunte Mischung begeistert sogar Gemüsemuffel – allein schon, weil sie so schön viel Sauce hat. Das können auch ganz Kleine leicht essen. Das Gemüse lässt sich nach Lust, Laune und Vorratslage auch anders kombinieren. Für besonders Hungrige gibt's dazu gekochte Eier.

❶ Reis nach Packungsanweisung kochen, zugedeckt warm halten.

❷ Butter in einem mittleren Topf schmelzen, Mehl zügig mit dem Schneebesen unterrühren und kurz anrösten, ohne dass es bräunt. Warme Brühe und Milch unter Rühren nach und nach zugeben, bei mittlerer Hitze langsam aufkochen, dabei weiter rühren, damit es nicht klumpt. Die Sauce bleibt sehr flüssig. Abschmecken mit Salz, Pfeffer und Muskat, von der Hitze nehmen und zugedeckt stehen lassen. Zwischendurch umrühren, damit sich keine Haut bildet.

❸ Möhre und Kohlrabi schälen, vom Blumenkohl äußere grüne Blätter und Strunk entfernen. In mundgerechte Stücke schneiden, in wenig Wasser mit 1 TL Salz 5 bis 7 Min. kochen. Brokkoli in Röschen teilen, nach 5 Min. dazugeben, kurz weiterkochen. Das Gemüse abgießen, kurz mit kaltem Wasser abschrecken.

❹ Gemüse in die heiße Béchamelsauce geben und mit dem Reis servieren. Die Eier in Achteln auf das Gemüse legen. Gemüse- und Saucenreste für eine spätere Mahlzeit mit Brühe zu Suppe pürieren.

⏲ 35 MIN ◆ 190 KCAL, 9 g E, 4 g F, 30 g KH, 4 g B

Geben Sie kein Öl zu Nudeln, die Sie gleich essen wollen. Zwar kleben sie mit Öl nicht, aber die Sauce haftet auch nicht. Falls nicht alle sofort zum Essen kommen, vorab ein paar Esslöffel Sauce unter die abgetropfte Pasta mischen.

⌚ 45 MIN ◆ 270 KCAL, 10 g E, 9 g F, 38 g KH, 12 g B

KARTOFFELPÜREE MIT BUNTEN MÖHREN UND ERBSEN

Greifen Sie zu, wenn Sie im Herbst die bunten Möhren sehen. Denn sie müssen nicht immer orange sein – es gibt sie auch tief rot und fruchtig gelb. Dazu passen grüne Erbsen. Nicht nur Kinder lieben solche Farbspielereien.

- 1 kg Kartoffeln, mehlig kochend
- 500 g normale Möhren
- 400 g dunkelrote Möhren Purple Haze
- 400 g gelbe Möhren
- 2 EL Butter
- 1 EL Rapsöl
- 200 g grüne Erbsen, tiefgefroren
- 1 TL Fenchelsamen, zerdrückt (oder 1 TL Fencheltee)
- 500 ml Milch
- je ½ Bund Petersilie und Basilikum
- Salz, Pfeffer, Muskat, Honig

❶ Kartoffeln schälen und kochen. Inzwischen die Möhren schälen (Achtung: die dunkelroten färben, evtl. Haushaltshandschuhe anziehen), alle der Länge nach halbieren, nach Wunsch vierteln oder in Scheiben schneiden.

❷ Die gelben Möhren mit je 1 EL Butter und Rapsöl andünsten, sie brauchen am längsten. Nach 3 bis 5 Min. die normalen orangefarbenen dazugeben, mit Salz und 1 Msp. Honig abschmecken. 150 ml Wasser zufügen, bei niedriger Hitze etwa 5 Min. zugedeckt zu Ende garen lassen, dabei ab und zu umrühren. Zum Schluss die Erbsen dazugeben und alles 2 bis 3 Min. gar ziehen lassen.

❸ In einem anderen Topf die dunkelroten Möhren mit dem Fenchelsamen in 1 EL Butter andünsten, mit Salz und etwas Honig würzen, etwa 100 ml Wasser zugeben und mit leicht angeschrägtem Deckel garen. Kartoffeln abgießen (dabei etwas Kochwasser auffangen) und mit einem Kartoffelstampfer zerdrücken. Dabei nach und nach die heiße Milch dazugeben, bei Bedarf noch etwas Kochwasser. Dann mit dem Rührgerät (nicht dem Pürierstab!) schön cremig rühren.

❹ Die Kräuter waschen, vorsichtig trocknen und in Streifen geschnitten zu den orangefarbenen Möhren geben. Mit den roten Möhren und dem Kartoffelstampf servieren.

Um rötliche Möhrenhände wieder loszuwerden, die Hände vorher mit Öl einreiben und dann waschen. Carotin, das hier färbt, gehört zu den fettlöslichen Vitaminen.

GRÜNKERNBÄLLCHEN MIT PAPRIKA UND KARTOFFEL-SELLERIE-STAMPF

Wer Grünkern für faden Fleischersatz hält, hat ihn wahrscheinlich noch nie probiert. Er schmeckt schön würzig, ist leicht körnig – und kombiniert mit viel Gemüse bringt das viel pflanzliches Eiweiß plus Ballaststoffe satt.

800 g Kartoffeln, vorwiegend festkochend
800 g Knollensellerie
600 ml Gemüsebrühe
100 g Grünkernbratlingsmischung
500 g Paprikaschoten, rot und gelb
3 Schalotten
1 Lorbeerblatt
2–3 EL Rapsöl
400 g gestückelte Tomaten (Dose oder Tetrapak)
½ Bund glatte Petersilie
½ Bund Basilikum
1 Ei
300 ml Milch
1 EL Butter
Salz, Zucker

❶ Den Ofen auf 150 °C (Ober-/Unterhitze) vorheizen. Kartoffeln und Sellerie schälen, in Stücke (1,5 cm x 1,5 cm) schneiden, in einem Topf mit 500 ml Brühe garen. Bratlingsmischung nach Packungsanleitung etwa 10 Min. quellen lassen.

❷ Die Paprikaschoten entkernen, die Schalotten schälen, beides würfeln. Mit dem Lorbeer in 1 EL Rapsöl 3 bis 5 Min. leicht anbräunen. Nicht zu braun werden lassen, sonst wird die Paprika bitter. 100 ml Brühe und die gestückelten Tomaten dazugeben, 10 bis 15 Min. köcheln lassen. Abschmecken mit Salz und einer Prise Zucker. Petersilie und Basilikum waschen, trocken schütteln, die Blätter hacken und dazugeben.

❸ Inzwischen das Ei unter die Grünkernmasse mischen. Aus der Masse mit 2 Esslöffeln kleine Kugeln formen, in 1 EL Rapsöl 2 bis 4 Min. von jeder Seite braten. Im Ofen auf einem mit Küchenpapier ausgelegten Teller warm stellen.

❹ Für das Püree die Milch in einem kleinen Topf erwärmen. Die Hälfte der Brühe in eine Schüssel gießen und beiseite stellen. Kartoffel- und Selleriegemüse nach Wunsch cremig oder stückig stampfen, die erwärmte Milch untermischen und je nach gewünschter Konsistenz etwas Brühe. Mit Butter und Salz abschmecken und zusammen mit dem Paprikagemüse und den Grünkernbällchen servieren.

45 MIN ● 295 KCAL, 10 g E, 12 g F, 34 g KH, 13 g B

Fertige Mischungen mit Grünkern oder auch Dinkel sind unschlagbar praktisch: Sie halten sich lange und lassen sich gut zu vegetarischen Klößchen und Aufläufen verarbeiten.

GESCHMORTER FENCHEL MIT PARMESAN UND SESAMKARTOFFELN

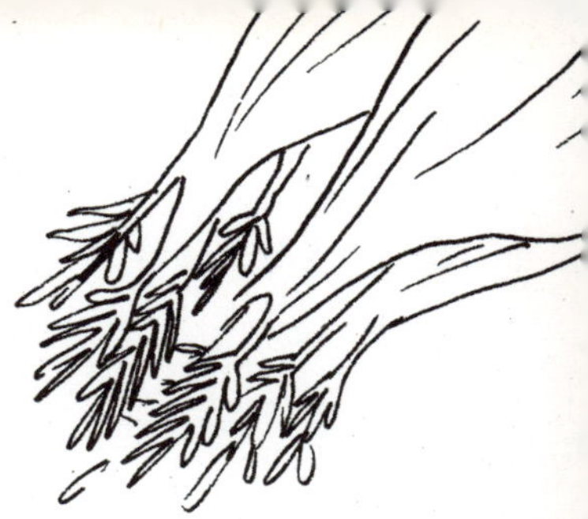

60 MIN, DAVON 20 AKTIV, 310 KCAL, 13 g E, 15 g F, 30 g KH, 7 g B

Fenchel steht bei vielen Kindern (und Erwachsenen) nicht auf der Liste der Lieblingsgemüse. Das ändert sich mit diesem Rezept ganz sicher. Hier kommt die gesunde weiß-grüne Knolle weich geschmort mit knusprigen Sesamkartoffeln auf den Tisch.

1 kg Kartoffeln, vorwiegend festkochend
4 EL Sesamsaat, etwa 30 g
2–3 EL Rapsöl
1 kg Fenchel
je 5 Stiele frischer Thymian und Rosmarin (oder 1 TL getrocknete Kräuter)
1 Knoblauchzehe
500 ml Gemüsebrühe
100 g Parmesan
Salz, Zucker

❶ Ofen auf 220 °C (Ober-/Unterhitze) vorheizen. Die Kartoffeln waschen, vierteln (besonders große achteln), mit Sesam, 1 TL Salz und 1 bis 2 EL Rapsöl gut vermengen. Auf ein Backblech mit Backpapier verteilen und erst 30 Min. auf der untersten Schiene backen, dann 15 Min. auf der obersten – so werden sie rundherum schön knusprig.

❷ Den Fenchel waschen, das Grün abschneiden. Die Knollen vierteln, größere sogar achteln. Dabei den Strunk dranlassen, damit sie nicht auseinander fallen. Mit den Kräuterstielen und der Knoblauchzehe in 1 EL Rapsöl 3 bis 5 Min. von allen Seiten scharf anrösten. Zusammen mit der Brühe 10 bis 15 Min. bei kleiner Hitze ohne Deckel köcheln lassen. Mit Salz und einer Prise Zucker abschmecken

❸ Den Parmesan grob hobeln oder reiben. Den Fenchel in eine feuerfeste Form geben, dabei auch etwas Brühe herausnehmen. Parmesan über den Fenchel streuen und in den letzten 10 bis 15 Min. mit den Kartoffeln auf der unteren Schiene im Ofen mitbacken.

Ob Sesam, Kürbiskerne oder Mohn: Samen sind Powerfood. Sie liefern viele Vitamine, Mineral- und Ballaststoffe und sehr gutes Fett. Allerdings haben sie es auch sonst in sich: Durchschnittlich 600 Kilokalorien pro 100 Gramm sind nicht gerade wenig.

GEMEINSAM SCHMECKT'S AM BESTEN

Liebe geht durch den Magen, das zeigt sich auch am Familientisch: Gemeinsam genießen, zusammen lachen, kleine Sorgen klären, den Alltagsstress ablegen – das alles tut rundum gut. Große Sorgen bleiben besser beiseite. Sie schlagen auf den Magen und die Stimmung.

WARME MAHLZEITEN – MÜSSEN SIE SEIN?

Nicht unbedingt jeden Tag, aber möglichst oft. Dafür gibt's drei gute Gründe:

Geschmack Vieles ist kalt kein Genuss. Zum Beispiel Kartoffelbrei, ausgekühlte Spaghetti mit Tomatensauce oder Pommes, die schon eine halbe Stunde hinter sich haben.

Gemüt Warmes Essen tut gerade an kalten Tagen gut, eine heiße Suppe wärmt Körper und Seele.

Gesundheit Ohne Kochen entgehen uns wertvolle Nährstoffe. Kartoffeln sind roh ungenießbar, grüne Bohnen enthalten noch Giftstoffe, Tomaten liefern dem Körper erhitzt mehr wertvolle Karotionide als roh.

ESSEN UND TRINKEN

Am besten steht mittags und abends Wasser auf dem Tisch, morgens sollte es für Kinder ein Milchgetränk sein. Viel trinken gilt auch für Kleinkinder. Keine Sorge, sie werden deswegen nicht später trocken. Für Eltern interessant: Anders als immer noch behauptet zählen auch Kaffee und Tee als Flüssigkeitszufuhr.

IMMER WIEDER PROBIEREN

Am Tisch sitzen lauter Gemüsemuffel? Das gibt sich. Untersuchungen aus den USA belegen: Was Kindern immer wieder angeboten wird, hat gute Chancen, früher oder später akzeptiert zu werden. Vor allem dann, wenn die Eltern es auch essen. Kinder ahmen nun mal ihre Umwelt nach, essen in China und in Mexiko anders als in Berlin und Bayern.
Immer wieder heißt: acht bis zehn Versuche, um wenigstens mal zu probieren. Und weiter Geduld haben. Das gilt auch für die Kleinsten am Tisch, die sich gerade von der Mutterbrust umgewöhnen, erst einmal kauen lernen und über den Umweg von Möhrchen- und Milchbrei bei dem bunten Angebot landen, das in dieser Familie üblich ist.

LIEBER LANGSAM

Mehr Zeit am Esstisch tut gut – der Stimmung und der Figur: Wer langsam genießt, wird mit weniger satt. Denn Sättigungssignale brauchen 15 bis 20 Minuten, bis sie im Gehirn angekommen sind. Wer nebenbei hastig dieses und jenes verputzt, isst meist mehr als der Körper braucht. Mindestens genauso wichtig: Mit mehr Zeit am Tisch ohne Stress miteinander reden, lachen, planen. Immer unter Zeitdruck, zu viele Termine? Versuchen Sie es trotzdem, wenigstens einmal pro Tag.

DEN TELLER LEER ESSEN?

Egal ob Riesentüten voller Popcorn oder kleinere, ob große oder mittlere Teller – ganz grundsätzlich neigen wir dazu aufzuessen, was wir serviert bekommen und fühlen uns dann erst satt. Unser Körper reagiert immer noch so, als müsste er jeden Bissen in gut gefüllte Fettzellen verwandeln, um magere Zeiten zu überstehen. Das ist nicht gut für die Figur.

Bei kleinen Kindern funktioniert das Sättigungsgefühl noch anders, sie hören auf, wenn sie satt sind, nicht, wenn der Teller leer ist. Und das ist gut so. Experimente zeigen, dass 3-jährige sich von Portionsgrößen nicht beeindrucken lassen. Auch Babys kümmern sich nicht um vorgegebene Portionen, bei kalorienreicherer Nahrung machen sie eben früher Schluss. Fazit: Den Teller leer essen macht letztlich dick – oder verstärkt den Widerwillen gegen Gesundes, das der Nachwuchs (noch) nicht mag. Besser ist: Die Kinder lernen einzuschätzen, wie voll ihr Teller gefüllt werden soll.

SPÄTES FRÜHSTÜCK, WARMES ABENDESSEN

Frühstücken wie ein König, Abendessen wie ein Bettelmann, diese Weisheit ist nur begrenzt richtig – rund ums Mittelmeer wird beispielsweise abends ausgiebig getafelt und morgens kaum gefrühstückt. Gefrühstückt wird jedoch überall. Viele Kinder sind morgens noch verschlafen, ausgiebig essen ist da nicht angesagt. Nach einem mageren Frühstück sollten sie sich aber wenigstens für die Pause gut versorgen, um bis zum Mittag durchzuhalten. Dann gibt es heutzutage allerdings nicht immer eine warme Mahlzeit. Die findet in vielen Familien inzwischen eher abends statt. Nichts spricht dagegen, im Gegenteil: Es ist wahrscheinlich die größte Chance des Tages, dass sich alle einigermaßen in Ruhe zusammenfinden.

UMSTRITTENE ZWISCHENMAHLZEITEN

Kinder haben weniger Energiereserven, müssen öfter etwas essen und trinken. Dafür reichen drei Hauptmahlzeiten und zwei kleine zwischendurch. Das heißt allerdings nicht, zwischendurch immer mal wieder etwas zu knabbern. Im Gegenteil: Wer immer wieder nascht, ist nie richtig satt – und nie richtig hungrig. Kleine Auszeiten und feste Termine sorgen dafür, dass man sich mit Appetit an den Tisch setzt. So pendelt sich das Gefühl für Hunger und Sättigung ein. Für Zwischendurch reicht etwas Obst, geschnippeltes Grünzeug, ein Joghurt oder belegtes Brot, dazu Wasser oder ungesüßter Tee. Es sei denn, man holt in der Schulpause sein Frühstück nach.

Wenig geeignet sind die verschiedenen Riegel, die überall angeboten werden. Schmal wie sie sind, füllen sie kaum den Magen, aber fast unbemerkt das Fett- und Kalorienkonto. Und wenn mal eine Zwischenmahlzeit ausfällt? Kein Drama – die meisten Kinder und Erwachsenen haben sowieso genug Reserven in Fettpölsterchen, Muskeln und Leber.

Für Empfindliche oder ganz Kleine die Paprikaschoten mit einem Sparschäler häuten.

30 MIN ♦ 270 KCAL, 10 g E, 8 g F, 43 g KH, 4 g B

COUSCOUS MIT PAPRIKA UND GRÜNEN BOHNEN

Ein Fest für große und kleine Gemüsefans und eine Sensation für alle Sinne: cremig, knackig, körnig-krümelig, kunterbunt. Wer mag, serviert dazu kurz gebratenes Lamm- oder Schweinefilet.

- 2 Schalotten
- 2 rote Paprikaschoten, zusammen etwa 300 g
- ½ Bund Majoran oder Oregano
- 2 EL Rapsöl
- 400–450 g gestückelte Tomaten
- 300 g Couscous
- 500 g Prinzessbohnen, tiefgefroren
- 1 EL Butter
- ½ Bund Petersilie
- Salz, Pfeffer, Zucker

❶ Die Schalotten schälen, die Paprikaschoten waschen, entkernen und beides in feine Würfel mit 1,5 cm Kantenlänge schneiden. Die Kräuter waschen und trockenschütteln, die Blättchen hacken.

❷ Paprika, Schalotten und Majoran oder Oregano mit 1 EL Rapsöl in einem kleinen Topf 3 bis 5 Min. unter Rühren andünsten. Mit 1 Msp. Zucker glasieren, das intensiviert die Süße der Paprika. Mit den gestückelten Tomaten bei leichter Hitze köcheln lassen, dabei immer mal wieder umrühren. Mit Salz und evtl. etwas Zucker abschmecken.

❸ 550 ml Wasser mit 1 EL Rapsöl und 1 TL Salz aufkochen, anschließend in eine hitzefeste Schüssel gießen. Den Cousous unter Umrühren einrieseln und zugedeckt ohne Hitzezufuhr 10 Min. ausquellen lassen. Die Bohnen in 250 ml Wasser mit Salz und Butter 7 bis 10 Min. kochen, abgießen, die gehackte Petersilie dazugeben. Den Couscous mit zwei Gabeln auflockern, mit Bohnen und Paprika servieren.

30 MIN ♦ 250 KCAL, 7 g E, 7 g F, 34 g KH, 4 g B

RATATOUILLE MIT COUSCOUS

Diese Version des mediterranen Gemüseragouts kommt ohne Auberginen aus. Die saugen gerne viel Fett auf und sind bei Kindern selten beliebt. Zu dem bunten Gemüse gibt es lockeren Couscous.

- 2 Schalotten
- 200 g Zucchini
- je 1 rote und gelbe Paprikaschote
- 300 g mittelgroße Tomaten, am besten Fleischtomaten
- 1 Lorbeerblatt
- 4 Stiele frischer Thymian (oder 1 TL getrockneter)
- 1 Knoblauchzehe, geschält
- 2 EL Olivenöl
- 100 ml Gemüsebrühe
- ½ Bio-Zitrone
- 1 EL Butter
- 250 g Couscous
- ½ Bund Basilikum
- Salz, Zucker

❶ Schalotten schälen, Gemüse waschen, Zucchini oben und unten kappen, Paprika und Tomaten entkernen. Alles würfeln, dabei den Tomatensaft auffangen. In einem Topf mit breitem Boden das Gemüse – außer den Tomaten – mit dem Lorbeer, Thymianstielen und der ganzen Knoblauchzehe etwa 5 Min. in 2 EL Olivenöl anbraten. Dann die Tomatenwürfel, den Saft und 100 ml Brühe dazugeben und 10 Min. köcheln lassen. Eine Zitronenhälfte abreiben, leicht ausdrücken. Das Gemüse mit 1 EL Zitronensaft, dem Abrieb, Salz und einer Prise Zucker abschmecken. Knoblauch, Lorbeer und Thymian herausfischen.

❷ 500 ml Wasser mit der Butter und 1 TL Salz aufkochen, von der Hitze nehmen und den Couscous unterrühren. Bei aufgelegtem Deckel etwa 10 Min. ziehen lassen, danach mit zwei Gabeln auflockern. Das Basilikum waschen, vorsichtig trocken schleudern, fein hacken und über Gemüse und Couscous streuen.

TIPP FÜR ELTERN:

→ *Wenn die Teigbahnen immer länger und dünner werden, kann man sie einfach in der Mitte halbieren. Kleinere Kinder brauchen dabei Hilfe, aber es macht ihnen riesigen Spaß, den Teig durch die Maschine zu kurbeln. Bei den Walzen auf die Finger aufpassen!*

SELBSTGEMACHTE NUDELN MIT TOMATENSAUCE

● 210 + 90 KCAL, 6 + 3 g E, 3 + 5 g F, 40 + 7 g KH, 4 + 2 g B

Ihr findet Nudeln auch so lecker? Dann probiert doch mal aus, wie gut sie selbst gemacht schmecken! Danach wollt ihr am liebsten nie wieder andere essen. Ihr braucht dafür eine Nudelmaschine, aber es funktioniert ganz einfach. Am besten macht ihr die Tomatensauce nach Spezialrezept dazu.

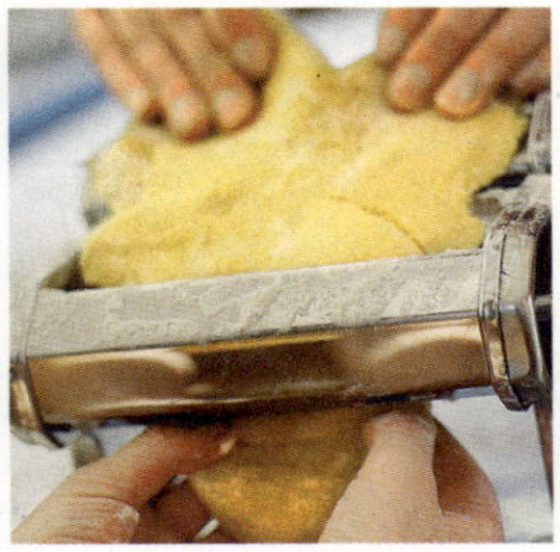

❶ Für die Sauce müssen Zwiebel, Möhren und Sellerie geschält und kleingeschnitten werden. Dann bratet ihr alles zusammen in einem Topf mit dem Öl etwa 5 Min. an. Jetzt kommen ½ TL Zucker und die gestückelten Tomaten dazu. Lasst die Sauce am besten 1 Std. vor sich hin köcheln und legt den Deckel dabei schräg auf den Topf. Ihr müsst ab und zu umrühren! Die Sauce wird ganz dickflüssig, zum Schluss gebt ihr deswegen die Milch dazu. Salz und Pfeffer kommen auch noch dran.

❷ Für den Nudelteig mischt ihr die Eier mit einer Gabel unter das Mehl. Dann gebt ihr ½ TL Salz und 2 EL Öl dazu. Macht eure Hände etwas mehlig, bevor ihr den Teig ein paar Minuten knetet, bis er nicht mehr klebt. Er wird sehr fest. Rollt ihn zu einer großen Kugel, wickelt ihn in Folie ein und legt ihn mindestens 1 Std. in den Kühlschrank.

TOMATENSAUCE

1 mittelgroße Zwiebel
150 g Möhren
300 g Knollensellerie
2 EL Raps- oder Olivenöl
800 g gestückelte Tomaten (Dose, Tetrapak)
150–250 ml Milch
einige Stiele frischer Basilikum
Salz, Pfeffer, Zucker

❸ Beim Nudelnmachen braucht ihr die Hilfe von Erwachsenen: Den Teig in 2 bis 3 Portionen teilen. Streut Mehl auf den Tisch und drückt den Teig darauf platt. Jetzt die einzelnen Teigportionen durch die Maschine kurbeln, nach jedem Durchgang müssen die Walzen enger gestellt und der Teig leicht mit Mehl bestäubt werden. Schließlich wird er so lang wie auf dem Foto. Vorsichtig auf ein bemehltes Backblech legen. Wenn alle Portionen fertig sind, werden die Bahnen durch den Schneidaufsatz der Maschine gekurbelt.

❹ Jetzt werden die Nudel gekocht: Dafür braucht man einen großen Topf mit 4 l Wasser. Während ihr darauf wartet, dass es zu kochen beginnt, wascht ihr das Basilikum, schüttelt es trocken und schneidet die Blätter in Streifen. Wenn das Wasser kocht, gebt ihr 1 EL Salz hinein – jetzt beginnt das Wasser noch mehr zu sprudeln – und dann die Nudeln. Schon nach 2 oder 3 Min. sind sie fertig. Abgießen, Sauce drauf und ein bisschen Basilikum. Lecker!

PASTA

400 g Mehl
Mehl zum Ausrollen
4 Eier Größe M
1 EL Olivenöl
Salz, Pfeffer, Muskat

plate

50 MIN, DAVON 24 AKTIV ♦ 200 KCAL, 11 g E, 9 g F, 19 g KH, 3 g B

KARTOFFELTORTILLA MIT KOHLRABI

Die spanischen Kartoffelomeletts eignen sich hervorragend als Verpackung für gesundes Grünzeug – so überzeugt man ganz heimlich auch kleine Gemüseverächter. Außerdem sind Tortillas schnell gemacht und bieten sich für fast alles an, was der Vorrat so zu bieten hat, beispielsweise Erbsen, Bohnen, Möhren, Mais oder Spinat.

600 g Kartoffeln, vorwiegend festkochend
2 kleine Kohlrabi
6 Eier
250 ml Milch
Salz, Muskat
15 g weiche Butter
100 g geriebener Käse wie Gouda oder Mozzarella (optional)
Salz

❶ Ofen auf 220 °C (Ober-/Unterhitze) vorheizen. Kartoffeln und Kohlrabi schälen, würfeln (Kantenlänge etwa 1,5 cm). Beide Gemüse separat in 2 Töpfen 3 bis 5 Min. bissfest garen (in einem Topf würde der Kohlrabi den Eigengeschmack der Kartoffeln überdecken). Das Gemüse abgießen, kurz mit kalten Wasser abspülen und gründlich abtropfen lassen.

❷ Die Eier in einer großen Schüssel mit Milch und einer Prise Muskat verrühren, nicht zu sparsam salzen. Eine etwa 25 cm x 25 cm große Auflaufform mit der Butter ausfetten, den Eiermix hineingießen. Das Gemüse dazugeben, alles mit einer Gabel vermengen. Mit Alufolie locker abdecken und etwa 20 Min. backen, dann weitere 5 bis 7 Min. ohne Folie. Wer es herzhaft mag, bestreut die Tortilla vor dem Backen mit Käse. Gut, aber nicht vegetarisch ist auch gewürfelter Schinkenspeck.

❸ In Scheiben geschnitten mit Kräuterquark warm servieren. Die Tortilla schmeckt auch als kalter Snack.

Tierisches Eiweiß (wie in Milch, Eiern) ist zusammen mit pflanzlichem (wie in Kartoffeln oder Getreide) besonders gut für den Körper. Toll im Nährstoffmix sind Kombinationen wie Ofenkartoffeln mit Quark oder Auflauf mit Käse.

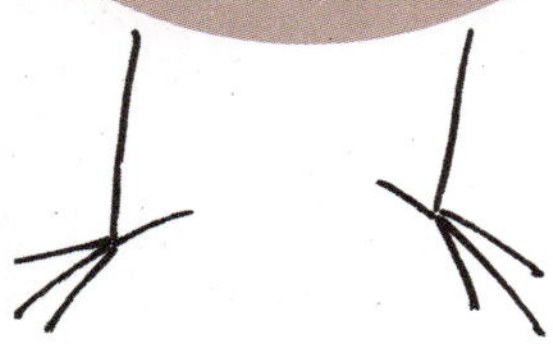

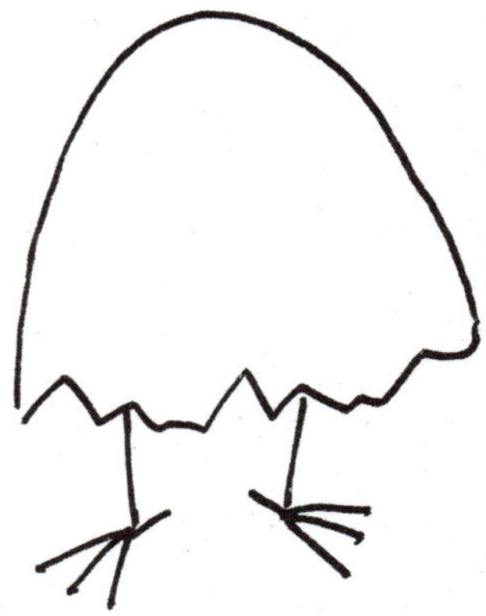

MÖHREN-KARTOFFEL-GRATIN MIT KÜRBISKERNEN

Ein einfaches Gratin, schnell gemacht, schön knusprig und randvoll mit wichtigen Inhaltsstoffen. Der Parmesan bringt reichlich Kalzium, die Kürbiskerne liefern viel, aber wertvolles Fett mit Vitamin E.

1 EL Butter
1 kg Möhren
1 kg Kartoffeln, vorwiegend festkochend
8 getrocknete Tomaten, möglichst weich
100 ml Gemüsebrühe
50 g Sahne (oder 50 ml Milch)
100 g Kürbiskerne gepult (oder andere Nüsse, Sesamsaat, Sonnenblumenkerne)
100 g Parmesan
½ Bund Petersilie

❶ Den Backofen auf 180 bis 200 °C (Ober-/Unterhitze) vorheizen. Eine Auflaufform (etwa 20 cm x 30 cm) mit Butter ausstreichen. Die Möhren und Kartoffeln schälen, dann mit dem Sparschäler in lange Streifen hobeln und sofort abwechselnd in die Auflaufform schichten .

❷ Die getrockneten Tomaten würfeln und über das Gemüse streuen, Brühe und Sahne oder Milch darübergießen. Die Brühe kann ruhig recht intensiv sein, denn die Kartoffeln schlucken viel Salz.

❸ Die Kürbiskerne in einen Gefrierbeutel geben, mit einer Teigrolle oder einem Topf fest darauf drücken und so zerkleinern. Den Parmesan grob reiben, mit den zerdrückten Kernen mischen und über das Gemüse streuen.

❹ Den Auflauf 35 bis 45 Min. backen. Nach 30 Min. evtl. mit Alufolie abdecken, damit das Gratin nicht zu braun wird. Inzwischen die Petersilie waschen und trockenschütteln. Die Blätter in Streifen schneiden und zum Servieren über das Gratin streuen.

⏱ 60 MIN, DAVON 20 AKTIV ● 340 KCAL, 16 g E, 17 g F, 31 g KH, 11 g B

Sehr harte getrocknete Tomaten werden weicher, wenn man sie kurz in etwas Wasser mit 1 EL Essig oder in Apfelsaft aufkocht und etwa 10 Minuten stehen lässt.

SALAT AM SPIESS MIT GRÜNKERN

FÜR 4 COCKTAILSPIESSE, ETWA 20 CM

1 Paprikaschote
1 Bund Radieschen
1 kleines Salatherz
¼ Salatgurke
2 Grünkernbällchen
(siehe Seite 56)

❶ Das Gemüse waschen, trocknen. Die Paprika vierteln, Paprika und Salatblätter in breite Streifen schneiden, die Gurke in Scheiben (½ cm dick).

❷ Pro Spieß 3 Paprikastreifen abwechselnd mit einer halbierten Grünkernbulette, 3 Radieschen, Salatstreifen- und Gurkenscheiben aufstecken.

15 MIN ♦ 180 KCAL, 8 g E, 6 g F, 22 g KH, 3 g B

GEMÜSESPIESS MIT KÄSE

FÜR 4 COCKTAILSPIESSE, ETWA 20 CM

60 g Käse
(z. B. Emmentaler, Gouda)
1 große Möhre
1 kleine Kohlrabiknolle
8 Stiele Kerbel (oder Petersilie)

❶ Den Käse erst in Scheiben schneiden, dann in Stücke (etwa 2 cm x 2 cm). Das Gemüse schälen.

❷ Pro Spieß je eine halbe Möhre längs hobeln, den geviertelten Kohlrabi in 2 oder 3 Scheiben schneiden. Die Möhrenhobel zwei- oder dreifach falten, abwechselnd mit Käse und Kohlrabi sowie den ganzen gewaschene Kerbelblätter aufspießen.

10 MIN ♦ 65 KCAL, 4 g E, 4 g F, 3 g KH, 1 g B

Vorbereiten Geschnittenes Obst wie Äpfel und Birnen mit etwas Zitrone mischen, um eine Braunfärbung zu verhindern. Kräuter waschen, Blättchen trockentupfen, auf den Spieß aufstecken.
Verpacken Zum Transportieren eine Kunststoffdose mit feuchtem Küchentuch auslegen, die Spieße darauf legen, mit dem Deckel verschließen. So bleiben auch die Kräuter frisch.
Würzen Gemüsespieße je nach Wunsch salzen, pfeffern.
Spieß auswählen Am besten sind lange Spieße aus Holz. Aus Metall sind sie zu scharf. Kleine Holzspieße sind zwar dekorativ, aber für Kinder schlecht zu halten. Sie können auch nicht gut davon essen.

10 MIN ♦ 170 KCAL, 8 g E, 11 g F, 9 g KH, 1 g B

ITALIENISCHER SPIESS

❶ Das Brot entrinden, mit Pesto bestreichen, in 12 kleine Stücke (Kantenlänge etwa 2 cm) schneiden. Tomaten und Basilikumblätter abspülen, trockentupfen.

❷ Die Mozzarellakugel vierteln, in je 3 Scheiben schneiden. Pro Spieß 3 Scheiben mit je einem Basilikumblatt umwickelt abwechselnd aufstecken, dazwischen je 2 Tomaten und Oliven sowie 3 Brotstücke.

FÜR 4 COCKTAILSPIESSE, ETWA 20 cm

- 2 Scheiben Toast
- 2 TL rotes Pesto
- 8 Cherry-Tomaten
- 8 schwarze Oliven, entsteint
- 4 Stiele frischer Basilikum
- 1 Mozzarellakugel

OBSTSPIESSE IN DREI FARBEN

❶ Früchte und Beeren waschen, trocken tupfen. Äpfel oder Birnen schälen, vierteln und jeweils in 3 Scheiben schneiden, mit Zitronensaft mischen. Orange in Spalten teilen, Kiwi schälen und in Scheiben schneiden. Das Obst pro Spieß je nach Farbe aufstecken.

❷ *Rot:* 2 oder 3 Erdbeeren, 3 rote Weintrauben, Apfelscheiben und dazwischen Basilikumblätter.
Gelb: Birnenscheiben, dazu Physalisfrüchte und Orangenspalten.
Grün: Kiwischeiben, 3 oder 4 grüne Trauben, Apfelscheiben.

FÜR 4 COCKTAILSPIESSE, ETWA 20 cm

Rot: 100 g Erdbeeren
100 g rote Trauben
1 roter Apfel
1 EL Zitronensaft
4 Stiele frischer Basilikum
Gelb: 1 gelbe Birne
10 Physalis
1 Orange (oder 1 kleine Dose Ananas)
Grün: 4 Kiwis
100 g grüne Trauben
1 grüner Apfel
1 EL Zitronensaft

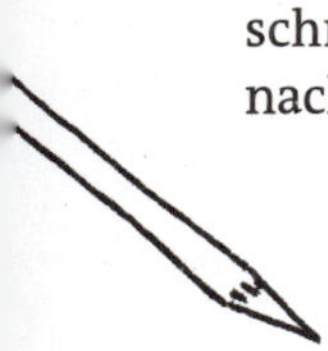

SCHNELLE ALLROUND-DIPS

Mit diesen Dips und Saucen machen simple Snacks wie geschnippelte Möhren oder Hackbällchen besonders viel her. Alle schmecken auch zu Brot. Die rote spanische Paprikasauce ist ideal zu frischen Pellkartoffeln.

PAPRIKASAUCE MOJO ROJO

ERGIBT ETWA 600 g ◷ 15 MIN ◆ PRO 50 g: 65 KCAL, 6 g F, 1 g KH, 1 g B

2 rote Paprikaschoten, etwa 300 g
200 g Tomaten
2 EL kräftige Gemüsebrühe
5 EL Rapsöl
1 TL Kreuzkümmel, gemahlen
1–2 TL heller Balsamessig
½ Bund glatte Petersilie
Semmelbrösel (optional)
Salz, Pfeffer, Zucker

Paprika waschen, halbieren, das Innere herausschneiden. Tomaten waschen, vierteln und den Strunk entfernen. Die Brühe erwärmen. Alles mit dem Öl zu einem glatten Püree mixen. Mit Kreuzkümmel, Salz, Pfeffer, einer Prise Zucker und dem Balsamico abschmecken.

Wenn die Sauce zu dünn ist, 1 bis 2 EL Semmelbrösel unterrühren, sie lösen sich ganz schnell auf. Auch gut: eine Pellkartoffel hineinreiben.

HUMMUS

ERGIBT ETWA 350 g ◷ 15 MIN ◆ PRO 50 g: 150 KCAL, 6 g E, 12 g F, 7 g KH, 4 g B

1 Dose Kichererbsen, etwa 280 g Abtropfgewicht
1 Zitrone
5 EL Rapsöl
1 TL Sesamöl
1–2 TL Kreuzkümmel, gemahlen
1 Bund Petersilie
einige Stiele frische Minze und Koriander (optional)
Salz, Pfeffer

Kichererbsen mit der Aufgussflüssigkeit, dem Saft einer halben Zitrone und dem Öl zu einem glatten Mus pürieren. Mit Kreuzkümmel, Salz und Pfeffer würzen, nochmals pürieren. Kräuter waschen, trockenschleudern, die Blätter sehr fein hacken, unterheben. Evtl. mit Salz und Zitronensaft nachwürzen.

Mit frischem Koriander ist man besser vorsichtig, nicht alle schätzen das würzige Kraut.

GUACAMOLE

ERGIBT ETWA 150 g ◷ 15 MIN ◆ PRO 50 g: 90 KCAL, 1 g E, 10 g F, 2 g B

1 reife Avocado
1 Schalotte
4 halbgetrocknete Tomaten
1–2 EL Zitronensaft
1 EL Tomatenöl (optional)
Salz, Pfeffer

Avocado halbieren, entkernen, das Fruchtfleisch aus der Schale kratzen. Die Schalotte schälen, die getrockneten Tomaten grob würfeln. Beides mit der Avocado und dem Zitronensaft zu einem glatten Mus pürieren. Mit Salz, Pfeffer, evtl. auch Tomatenöl und noch mehr Zitrone abschmecken.

Die Avocado sollte auf Druck nachgeben, sonst nachreifen lassen. Das geht fast über Nacht. Dazu die Avocado am besten mit einer Banane oder Ananas in einen Gefrierbeutel geben und ohne Kühlen aufbewahren. Das Gas der nachreifenden Früchte beschleunigt auch das Reifen der Avocado.

ZAZIKI

ERGIBT ETWA 550 g ◷ 15 MIN ◆ PRO 50 g: 36 KCAL, 3 g E, 2 g F, 2 g KH

1 Bio-Salatgurke
250 g Speisequark, 20 % F. i. Tr.
150 g Joghurt
1 Bund Kräuter, auch gemischt (z. B. Petersilie, Kerbel, Basilikum, Selleriegrün, 1 Kästchen Kresse)
1 EL Zitronensaft
1 Knoblauchzehe (optional)
Salz, Pfeffer, Zucker

Die Gurke gründlich waschen, grob reiben. Den Quark mit dem Joghurt gründlich vermengen, nach Wunsch geschälten Knoblauch hinein pressen. Die Kräuter waschen, trockenschütteln, die Blätter hacken. Die geraspelte Gurke leicht ausdrücken, mit den Kräutern zu dem Joghurtquark geben. Mit Salz, Pfeffer, einer Prise Zucker sowie Zitronensaft abschmecken.

Mit griechischem Joghurt (10 % F. i. Tr.) nach Originalrezept wird's noch aromatischer.

NICHT VEGETARISCH

Ob von der Weide oder aus dem Wasser – wer Tierisches einplant, kommt einfacher zu wichtigen Nährstoffen. Es muss ja nicht viel sein. Diese Rezepte kombinieren alles, was Groß und Klein gut tut und sich ohne besonderen Aufwand brutzeln und braten lässt.

EIWEISS MIT VIELEN EXTRAS

Fleisch versorgt uns mit Nährstoffen, die von Tieren aufbereitet wurden. Unsere Vorfahren mussten dafür lange jagen, wir bekommen es im Supermarkt – und essen inzwischen eher zu viel davon. Mehr Fisch dagegen wäre besser, auch für Kinder. Eier sind besser als ihr Ruf.

Gut zu wissen!
Abwechslung tut gut: Rindfleisch hat viel Eisen, Schweinefleisch vor allem Vitamin B 1. 3 Fleischportionen pro Woche reichen, der Rest kann vegetarisch sein. Das Geld für Kinderwurst können Sie sich sparen. Zutatenlisten sind aufschlussreich: Sie zeigen beispielsweise, dass in Geflügelwurst auch Geflügelfett mit Haut steckt.

WELCHE PLUSPUNKTE HAT FLEISCH?

Es ist gerade während des Wachstums wertvoll. Dann brauchen Kinder besonders viel Eisen, und das steckt im Fleisch genauso wie wichtiges Zink. Andere Mikronährstoffe wie Phosphor, Selen und B-Vitamine kommen dazu, außerdem bestimmte Aminosäuren als Eiweißbausteine. Was sich nicht bewährt, sind große Mengen an Fleisch und viel ungünstiges Fett, vor allem, wenn Eltern und Kinder dafür auf Obst und Gemüse verzichten.

WIE VIEL SOLL'S DENN SEIN?

Die Menge macht's: Der Trend geht zu kleineren Portionen. Für 1-jährige empfiehlt das Forschungsinstitut für Kinderernährung (FKE) nur noch 30 g pro Tag, Wurst inklusive. Doppelt so viel wird 10- bis 12-jährigen zugestanden. Auch das ist nicht viel, ein kleiner Burger deckt da schon mehr als eine Tagesration. Besser man rechnet wochenweise und wechselt mit viel Vegetarischem ab. Die Rezepte in diesem Buch machen das leicht.

WAS SPRICHT GEGEN FETT?

Tierische Fette sind meist eher ungünstig. Faustregel: Je flüssiger, desto mehr gesunde ungesättigte Fettsäuren. Gänseschmalz ist sehr flüssig, Rindertalg sehr fest. Und dann sind da die Kalorien. Gemischtes Hack kann bis zu 30 % Fett enthalten. Die Züchtung hat Fleisch von einer Menge Fett befreit, Filet zum Beispiel hat weniger als 10 %, ebenso anderes Muskelfleisch, Schweineschulter, Hühner- oder Putenbrust. Allerdings: Leicht marmoriert schmeckt Fleisch besser und braucht weniger Öl zum Braten. Das gleicht die Bilanz wieder aus.

WELCHES IST DIE BESTE WURST?

Magere. Geflügelwurst hat nur etwa 10 % Fett. In dieser Liga spielen auch gekochter Schinken und Putenbrust. Gerade bei Wurst ist Fett oft gut versteckt. Eine harmlos aussehende Mortadella kommt auf rund 30 % Fett, ebenso Fleisch- oder Bratwurst. Salami hat meist noch mehr. Das bringt Geschmack, aber auch Kalorien, immerhin etwa 370 pro 100 g.

WARUM IST FISCH SO GUT?

Ob wild gefangen oder Zucht, ob aus Meer oder Flüssen: Fisch ist spitze. Er liefert wichtiges, leicht verdauliches Eiweiß und reichlich Jod. Alle Fische, die ihr Blut im kalten Meerwasser flüssig halten, steuern günstige Omega-3-Fettsäuren bei, die dem menschlichen Kreislauf gut tun. Deshalb gibt es hier viele Rezepte mit Lachs. Hering oder Makrele sind genauso gut.

WIE OFT SOLL ES FISCH GEBEN?

Einmal pro Woche, mehr wäre besser. Knusprige Fischstäbchen mögen die meisten. Fisch als Ragout und schön weich mit Gemüse kommt auch gut an. Gut, dass es gesunde Fischarten gibt, die nicht überfischt und damit noch akzeptabel sind. Zumindest, wenn sie aus bestimmten Regionen kommen. Dazu gehören Seelachs, Seehecht und Scholle, aber auch Dorade, Lachs und Hering. Die gibt es gezüchtet und wild.

WELCHEN FISCH KANN MAN NOCH KAUFEN?

Achten Sie auf das blaue MSC-Siegel („Marine Stewardship Council"). Das bekommen Hersteller, die bestimme Umweltprinzipien einhalten, um Fischbestände zu sichern. Es gibt allerdings strengere Maßstäbe, beispielsweise von Greenpeace und dem WWF, dem World Wildlife Fund. Weitere Siegel wie von Naturland kommen hinzu. Auch wenn sie nicht alle die gleichen Grundlagen haben – mit Siegel ist auf jeden Fall besser als ohne. Aktuelle Infos bei den genannten Verbänden, außerdem unter www.portal-fischerei.de. Die Einschätzungen, was akzeptabel ist und was nicht, ändern sich häufig.

WARUM FEIERN EIER EIN COMEBACK?

Sie enthalten nicht weniger Cholesterin als früher. Man weiß jetzt aber, dass die Cholesterinzufuhr den individuellen Cholesterinspiegel doch nicht ungünstig beeinflusst. Seine Höhe hängt vor allem davon ab, wie gut der Körper den lebensnotwendigen Fettstoff verarbeitet, den er ja auch selbst produziert.

WAS MACHT EIER GESUND?

Ihre zerbrechliche Schale umhüllt wertvolle Inhaltstoffe, vor allem hochwertiges Eiweiß mit lebensnotwendigen Aminosäuren, dazu Mineralstoffe und Spurenelemente wie Natrium, Phosphor und Eisen und die Vitamine A, D, K und Biotin. Eigelb hat auch noch gesunde ungesättigte Fettsäuren.

WELCHE EIER SIND DIE BESTEN?

Braune Eier sind nicht gesünder als weiße. Bio-Hennen bekommen nur Bio-Futter, gentechnikfrei und ohne Antibiotika. Das signalisiert eine „0" zu Beginn der aufgedruckten Kennzeichnung auf jedem Ei. „1" steht für Freiland-, „2" für Boden-, „3" für Kleingruppenhaltung.

WAS TUN GEGEN SALMONELLEN?

Eier kühl aufbewahren hält Salmonellen in Schach. Eier kochen macht ihnen den Garaus, höhere Temperaturen als 70 °C überleben sie nicht. Sie sind aber selten und sitzen eher auf der Schale als im Eigelb. In den Rezepten dieses Buches werden sicherheitshalber keine rohen Eier verwendet. Sehr frische Eier lassen sich übrigens schlecht pellen, bei etwas älteren klebt die Schale nicht mehr.

⊙ 45 MIN ● 470 KCAL, 25 g E, 15 g F, 57 g KH, 4 g B

SPAGHETTI MIT FRISCHEN TOMATEN UND HACKBÄLLCHEN

Ein Gericht, das garantiert allen schmeckt? Natürlich Spaghetti mit Tomatensauce. Ganz besonders, wenn sie aus frischen Tomaten ist. Hackbällchen ergänzen den Klassiker. Oder Sie reiben einfach nur Käse darüber.

1 Die Schalotten schälen und in kleine Würfel schneiden. Mit einer Gabel zwei Drittel der Schalotten in einer großen Schüssel mit Eiern, Senf und Salz verrühren. Mit den Händen das Hackfleisch und 2 EL Semmelbrösel unterkneten. Aus der Masse mit immer wieder angefeuchteten Händen etwa 12 gleichgroße Bällchen formen. In einer großen Pfanne das Rapsöl erhitzen, die Bällchen von allen Seiten darin 5 bis 7 Min. knusprig braten. Aus der Pfanne nehmen, beiseite stellen.

2 Die Tomaten halbieren, den Stielansatz entfernen, die Tomaten in kleine Würfel schneiden, dabei soviel Saft wie möglich auffangen. Die Spaghetti in 4 l Wasser mit 1 EL Salz bissfest kochen, durch einen Durchschlag abgießen, dabei etwas Kochwasser zurückbehalten.

3 Inzwischen die restlichen Schalotten mit Butter in der Hackbällchen-Pfanne anbraten, die Tomaten mit dem Saft dazugeben, 2 bis 4 Min. köcheln lassen und mit Salz, Pfeffer, einer Prise Zucker und einigen Spritzern Zitronensaft abschmecken. 2 bis 3 EL Kochwasser dazugeben. Die Hackbällchen wieder in die Pfanne geben und alles vorsichtig durchmischen.

4 Zum Servieren die Spaghetti in eine vorgewärmte Schüssel füllen, die Tomatensauce mit den Hackbällchen darübergeben und mit Basilikum und eventuell geriebenem Parmesan bestreuen.

HACKBÄLLCHEN
3 Schalotten
2 Eier
1 EL Senf
1 TL Salz
400 g Hackfleisch
2 EL Semmelbrösel
1 EL Rapsöl

TOMATENSAUCE
600 g Fleischtomaten
1 EL Butter
Salz, Pfeffer, Zucker
etwas Zitronensaft

400 g Spaghetti
Parmesan oder anderer Käse (optional)
4 Stiele Basilikum

Um die Servierschüssel gleich mit vorzuwärmen, die Pasta darüber abgießen und das heiße Wasser zwei Minuten in der Schüssel lassen.

Gut für kleine Kinder und empfindliche Erwachsene: Beim Garen wird die Schale der Fleischtomaten schön weich.

GESCHMORTE KALBS-BÄCKCHEN MIT SELLERIE-APFEL-PÜREE

Ungewöhnlich, aber einfach und familienfreundlich. Und obendrein nicht teuer! Die Bäckchen schmoren in Saft statt in Wein und werden dabei butterweich – zusammen mit dem sanften Püree ein echtes Genießer-Gericht. Es lohnt sich, gleich mehr Fleisch zu schmoren und einen Teil einzufrieren.

⏱ 150 MIN, DAVON 40 AKTIV ● 475 KCAL, 23 g E, 18 g F, 43 g KH, 6 g B

SCHMORFLEISCH

1 kg Kalbs- oder Ochsenbäckchen (oder 750 g Beinscheibe vom Rind)
300 g Möhren
2 mittelgroße Zwiebeln
½ Sellerieknolle
2 Knoblauchzehen
4 EL Rapsöl
2 EL Tomatenmark
300 ml roter Traubensaft
2–3 EL Mehl
Salz, Pfeffer

SELLERIEPÜREE

1 mittelgroße Sellerieknolle
250 g Kartoffeln, vorwiegend festkochend
2 grüne Äpfel
300 ml Milch
100 g Sahne
1 Stiel frischer Thymian

❶ Lassen Sie sich die Bäckchen vom Fleischer zurechtschneiden (parieren). Für das Gericht nutzbar ist nur etwa knapp die Hälfte vom Gesamtgewicht. Das Fleisch der Bäckchen nach dem Parieren etwa doppelt so groß wie Gulaschstücke schneiden.

❷ Den Backofen auf 150 °C (Ober-/Unterhitze) vorheizen. Möhren, Zwiebeln, Sellerie und Knoblauchzehen schälen und in kleine Würfel schneiden. Das Gemüse in einem großen Bräter in 2 EL Rapsöl scharf anbraten, erst das Tomatenmark dazugeben, dann den Traubensaft und 500 ml Wasser.

❸ Das Fleisch in dem Mehl wenden, in einer großen Pfanne mit 2 EL Rapsöl von allen Seiten anbraten und zu dem Gemüse geben. Den Bräter zugedeckt etwa 2 Std. im Ofen lassen. Dann das Fleisch herausholen und das Gemüse samt Schmorflüssigkeit mit dem Mixstab pürieren. Bei niedriger Hitze ohne Deckel bis zur gewünschten Konsistenz noch etwas einköcheln lassen, mit Salz und Pfeffer abschmecken.

❹ Für das Püree Sellerie, Kartoffeln und Äpfel schälen und würfeln. Mit der Milch, der Sahne und dem Thymianstiel etwa 15 Min. in einem Topf garen, dabei immer wieder umrühren. Den Thymianstiel herausfischen. Mit Salz und Pfeffer abschmecken und mit einem Handrührer cremig mixen. Dabei je nach gewünschter Konsistenz noch etwas Milch dazugeben.

Die Bäckchen muss man meist vorbestellen, am besten beim Fleischer. Rinderbeinscheibe gehört zum Standardangebot.

ORECHIETTE MIT BROKKOLI, BLUMENKOHL UND SCHINKEN

200 g Blumenkohl
200 g Brokkoli
2 Schalotten
200 g Kochschinken, sehr dünn geschnitten
1 EL Rapsöl
200 ml Gemüsebrühe (Instant)
100 ml Milch
100 g Sahne
½ Bund Petersilie
400 g Orechiette (oder andere kurze Nudeln)
Salz
Parmesan oder anderer Käse

Diese Nudeln passen auch auf den kleinsten Kinderlöffel. Die Kombination aus Pasta und Brokkoli ist in Italien sehr beliebt – dazu schmecken milder Blumenkohl und herzhafter Schinken.

❶ Blumenkohl und Brokkoli waschen, in kleine Röschen teilen. Die Schalotten schälen und klein würfeln, den Schinken etwas größer. Das Gemüse in einer großen Pfanne mit 1 EL Rapsöl 3 bis 5 Min. scharf anbraten, es kann ruhig etwas bräunen. Die Schinkenwürfel 1 bis 2 Min. mitrösten. Mit Brühe, Milch und Sahne 3 bis 5 Min. köcheln lassen. Die Petersilie waschen, trockenschütteln, hacken und zum Gemüse geben, sobald es weich ist.

❷ Die Nudeln in etwa 4 l Wasser mit 1 EL Salz bissfest kochen, abgießen und tropfnass zu dem Gemüse in die Pfanne geben. Kurz durchmischen und am besten direkt in der Pfanne servieren. Dazu schmeckt Parmesan oder anderer geriebener Käse wie Gouda.

⏱ 20 MIN ◆ 405 KCAL, 21 g E, 10 g F, 53 g KH, 5 g B

GESCHNETZELTES MIT REIS UND MÖHREN

150 g Langkornreis, parboiled
700 g Möhren
2 Schalotten
½ Bund glatte Petersilie
400 g Kalbfleisch zum Kurzbraten (oder Schweinefilet/Hühnerbrust)
1–2 EL Mehl
2 EL Rapsöl
100 g Sahne
100 ml Milch
200 ml Brühe (Instant)
1 EL Butter
Salz, Honig
Zitronensaft (optional)

Wer sich gerne einen Nachtisch gönnt, liegt mit diesem Rezept goldrichtig: Mit vielen Möhren bleibt der Kaloriengehalt niedrig. Auch Mais oder Erbsen schmecken gut dazu.

❶ Den Reis mit 150 ml Wasser und ½ TL Salz kurz aufkochen, den Topf auf der ausgeschalteten Herdplatte zugedeckt bis zum Servieren stehen lassen. Möhren schälen, halbieren und in dünne Scheiben schneiden, geschälte Schalotten in Streifen. Petersilie waschen, trockenschütteln und hacken.

❷ Das Fleisch in sehr dünne Streifen schneiden, in dem Mehl wenden. In 2 EL Rapsöl bei großer Hitze 3 bis 5 Min. anbraten, dabei ab und zu wenden. Schalotten 1 bis 2 Min. mitbraten, salzen. Sahne, Milch und Brühe dazugeben und bei mittlerer Hitze 7 bis 9 Min. ziehen lassen (nicht kochen, sonst wird das Fleisch zäh).

❸ Die Möhrenscheiben in 1 EL Butter 3 bis 5 Min andünsten. Mit Salz, etwas Honig und evtl. Zitronensaft würzen. 100 ml Wasser dazugeben, bei geschlossenem Deckel noch 2 Min. sanft garen, die Petersilie darüberstreuen. Das Geschnetzelte abschmecken und direkt in der Pfanne mit Reis und Möhren servieren.

⏱ 30 MIN ◆ 280 KCAL, 19 g E, 9 g F, 31 g KH, 6 g B

Nach diesem Rezept wird der Reis eher körnig. So entfällt das Abgießen und auf die Uhr schauen. Weicher wird er mit etwas mehr Wasser.

TIPP FÜR ELTERN:
→ *Kinder macht es Spaß, den Hackfleischteig mit den Händen zu mischen. Wichtig ist aber gründliches Händewaschen mit Seife – vorher und nachher. Beim Gemüseschneiden und beim Braten der Burger vielleicht helfen.*

MÖHRENPOMMES

Ofen auf 200 °C (Ober-/Unterhitze) vorheizen. 1 kg Möhren schälen, längs halbieren, bei größeren die Hälften nochmal halbieren. In 4 cm lange Stifte schneiden, ähnlich wie Pommes. Mit 3 EL Rapsöl, 2 EL Honig und 1 EL Sojasauce mischen, 15 Min. ziehen lassen. Auf ein Backblech mit Backpapier legen, 15 bis 20 Min. auf der zweiten Schiene von oben im Ofen backen.

PRO HAMBURGER 270 KCAL, 21 g E, 6 g F, 34 g KH, 3 g B

UNSERE LIEBLINGSBURGER

Wer sich seinen Burger selbst macht, kann ihn mit allem belegen, was gut schmeckt – das gibt's in keinem Fastfood-Laden der Welt! Und die Pommes dazu auch nicht, die macht ihr euch nämlich einfach aus Möhren.

❶ Für den Belag zupft ihr den Salat auseinander und wascht ihn in einer Salatschleuder. Nach dem Trockenschleudern zupft ihr die Blätter in Stücke, die etwas größer als die Hamburger-Brötchen sind. Wascht Tomate, Gurke und Paprika und schneidet sie in Scheiben und Streifen. Nicht vergessen: Bei den Tomaten den Stielansatz, bei der Paprika die Kerne herausschneiden!

❷ Reißt oder brecht das Brötchen mit den Händen in Stücke, legt es in eine Schüssel, gießt die Milch darüber und lasst es sich darin wie ein Schwamm vollsaugen. Inzwischen könnt ihr die Zwiebeln schälen und halbieren. Die Hälften schneidet ihr erst in feine Scheiben, dann quer in kleine Würfel. Lasst euch dabei am besten von Großen helfen.

❸ Nehmt eine große Schüssel. Drückt das schwabbelige Brötchen mit den Fingern aus, bis keine Milch mehr raustropft und tut es in die Schüssel. Gebt die Eier, das Fleisch, die Zwiebel, Senf, Salz und Pfeffer dazu. Jetzt mischt ihr alles gründlich mit den Händen oder einer Gabel durch. Danach macht ihr euch die Hände etwas nass und formt 8 gleich große Kugeln. Danach Händewaschen mit Seife!

❹ Jetzt geht's ans Braten: In einer großen Pfanne lasst ihr 1 EL Rapsöl heiß werden, dann legt ihr die Kugeln hinein und drückt sie mit einem Pfannenwender platt – wie Burger eben. Auf jeder Seite etwa 3 Min. knusprig braten. Inzwischen die Burger-Brötchen toasten und die Beläge auf den Tisch stellen. So kann jeder seinen eigenen Burger zusammenstellen.

FÜR 8 STÜCK

BELAG

1–2 Salatherzen
1 Paprikaschote
½ Salatgurke
2 Tomaten
1 Packung Käsescheibletten

HAMBURGER

1 Brötchen vom Vortag
100 ml Milch
2 mittelgroße Zwiebeln
2 Eier
400 g Tatar
1 EL mittelscharfer Senf
1–2 EL Rapsöl
8 Hamburger-Brötchen
Salz, Pfeffer

LAUCHCREME MIT THYMIANHACK

⏱ 40 MIN, DAVON 20 AKTIV ◆ 390 KCAL, 23 g E, 27 g F, 13 g KH, 3 g B

Hier stecken ganz viele Aromen drin: Lauch, Kräuter, Hack und Käse ergeben eine würzige Suppe, die nicht nur gut tut, wenn es draußen kalt ist, sondern dank der Kartoffeln eine ganze Mahlzeit ist.

❶ Wurzelansatz und dunkle Blätter vom Lauch abschneiden, den Rest gründlich waschen und in dünne Ringe schneiden. Kartoffeln schälen und würfeln (Kantenlänge etwa 1,5 cm). Hackfleisch und Speck in einem Topf mit 2 EL Rapsöl scharf anbraten, etwa 4 bis 6 Min. Eine Hälfte der Lauchringe, Thymian und 1 TL Paprikapulver weitere 3 bis 5 Min. mit anrösten, es darf ruhig bräunen. Kartoffelwürfel kurz mitrösten.

❷ Brühe, Sahne, Schmelzkäse und Parmesan dazugeben, gut umrühren und bei leicht schräg aufgelegtem Deckel 25 bis 30 Min. köcheln, dabei immer mal wieder umrühren. Abschmecken.

❸ Petersilie waschen, trockenschütteln, die Blätter hacken. Die andere Hälfte der Lauchringe mit der gehackten Petersilie in 1 EL Öl 2 bis 4 Min. anrösten und vor dem Servieren über die Suppe geben.

2 Stangen Lauch
300 g Kartoffeln, vorwiegend festkochend
300 g Rinderhackfleisch
50 g magere Speckwürfel
2–3 EL Rapsöl
1 Bund Thymian (oder 1 TL getrockneter)
Paprikapulver, edelsüß
500 ml Brühe (Instant)
100 g Sahne (oder 100 ml Milch)
250 g Kräuterschmelzkäse
50 g Parmesan
½ Bund glatte Petersilie
Salz

MÖHREN-KOHLRABI-SUPPE MIT SCHINKENCROUTONS

⏱ 40 MIN, DAVON 20 AKTIV ◆ 300 KCAL, 11 g E, 18 g F, 24 g KH, 6 g B

Die knusprigen Schinken-Croutons sind einfach genial. Sie lassen sich ganz leicht zubereiten und passen perfekt zu der sanften Suppe mit dezenter Süße. Wer lieber Gemüsestückchen mag, serviert die Suppe ohne Pürieren als schnellen Eintopf.

❶ Möhren, Kohlrabi und Kartoffeln schälen, in Würfel (Kantenlänge etwa 1,5 cm) schneiden. Alles in einem Topf mit 1 bis 2 EL Rapsöl andünsten, es darf ruhig ein wenig bräunen. In der Brühe 30 bis 35 Min. weich kochen.

❷ Den Schinken würfeln. Den Kerbel waschen, trockenschleudern, die Blätter hacken. Laugenstange erst in Scheiben, dann in Würfel schneiden, und in einer Pfanne in 1 EL Butter 3 bis 5 Min. knusprig braun rösten, dabei immer wieder wenden. Zum Schluss die Schinkenwürfel 1 Min. mitrösten.

❸ Das gegarte weiche Gemüse mit dem Pürierstab zusammen mit Milch oder Sahne pürieren, abschmecken mit Salz, Pfeffer und eventuell einer Prise Muskat. Zum Servieren 1 bis 2 EL Schinken-Laugencroutons sowie 1 TL Kerbel über jeden Teller Cremesuppe streuen.

500 g Möhren
1 Kohlrabiknolle, etwa 350 g
250 g Kartoffeln, vorwiegend festkochend
1–2 EL Rapsöl
500 ml Brühe (Instant)
150 g Kochschinken
½ Bund Kerbel (oder Petersilie)
1 Laugenstange, ohne Salz
1 EL Butter
300 ml Milch (oder 200 g Sahne)
Salz, Pfeffer, Muskat

GULASCH MIT MÖHREN UND COUSCOUS

⊙ 2 STD, DAVON 40 MIN AKTIV ♦ 410 KCAL, 29 g E, 10 g F, 49 g KH, 10 g B

Ein schönes und praktisches Rezept für große Runden – das Gulasch lässt sich im Voraus zubereiten, der Couscous dazu ist in Windeseile gemacht. Viel Gemüse mit Kräutern macht dieses Gericht richtig gesund. Das herzhaft gewürzte Fleisch spielt hier nur eine Nebenrolle. Am besten, Sie schmoren gleich mehr davon und frieren einen Teil für eine nächste Mahlzeit ein.

❶ Die Petersilienwurzel, Zwiebeln und den Sellerie schälen und würfeln. Die Möhren schälen und der Länge nach halbieren, sehr große Exemplare vierteln, alles in fingerdicke Scheiben schneiden.

❷ In einem großen Bräter 1 EL Rapsöl richtig hoch erhitzen, das Fleisch darin von allen Seiten etwa 5 Min. scharf anbraten. Mit einer Schaumkelle herausnehmen, kurz beiseite stellen. Den zweiten EL Öl in den Bräter geben, darin das Gemüse mit den Lorbeerblättern und den Thymianstielen etwa 5 Min. scharf anbraten. Mit Salz, Pfeffer und einer Prise Zucker würzen. Das Fleisch wieder dazugeben, alles gut vermengen. 300 ml Wasser und die Tomaten dazugeben, 1 bis 1½ Std. bei kleiner Hitze und schräg aufgesetztem Deckel köcheln lassen. Dabei reduziert sich die Flüssigkeit und ergibt eine sämige Sauce. Thymianstiele und Lorbeer herausfischen, mit Salz und Pfeffer abschmecken.

❸ Den Couscous in eine hitzebeständige Schüssel geben. 600 ml Wasser mit 1 TL Salz und der Butter aufkochen, darübergießen, den Couscous mindestens 7 Min. quellen lassen. Petersilie waschen und trockenschütteln, die Blätter fein hacken. Mit zwei Gabeln auflockern, die gehackte Petersilie darüberstreuen. Mit dem Gulasch servieren.

GULASCH

1 kleine Petersilienwurzel
300 g Zwiebeln
300 g Knollensellerie
600 g Möhren
2 EL Rapsöl
500 g Gulasch, halb und halb
2 Lorbeerblätter, am besten frisch
1 Bund frischer Thymian
(oder 1 TL getrockneter)
800 g gestückelte Tomaten
(Dose oder Tetrapak)
Salz, Pfeffer, Zucker

COUSCOUS

300 g Couscous
1 TL Butter
1 Bund Petersilie
Salz

MÖHRENTOPF MIT HACKBÄLLCHEN

⏱ 90 MIN, DAVON 40 AKTIV ♦ 300 KCAL, 20 g E, 15 g F, 23 g KH, 8 g B

In diesem Möhrentopf steckt alles, was Kinder mögen. Hackbällchen und Gemüse werden nacheinander in der selben Pfanne angebraten – das gibt dem ganzen Gericht ein herrliches Röstaroma.

❶ Das Gemüse waschen und schälen. Den Lauch putzen (das grobe Grün und die Wurzel abschneiden) und in dünne Ringe schneiden, die Möhren und Kartoffeln in mundgerechte Stücke. Die Kartoffeln vorerst in kaltes Wasser legen. die Petersilienwurzel hacken. Die Petersilie waschen und trocken schütteln, die Blätter fein hacken.

❷ Für die Hackbällchen die Zwiebel schälen und würfeln. Mit dem Ei, dem Senf, Salz und Hackfleisch zu einer glatten Masse vermengen. Dann die Semmelbrösel unterkneten. Aus je 1 EL Hackmasse mit immer wieder angefeuchteten Fingern kleine Bällchen formen. Mit Rapsöl und Butter in einem Bräter oder einer hohen Pfanne auf jeder Seite 2 bis 4 Min. knusprig anbraten.

❸ Die Hackbällchen herausnehmen. In der selben Pfanne Lauch, Möhren und Petersilienwurzel mit den Kräutern scharf anrösten. Nach 4 Min. die Kartoffeln dazugeben und 2 bis 3 Min. mitbräunen. Nach Wunsch Brühe dazugeben, gut umrühren, kurz aufkochen und dann bei mäßiger Hitze mit schräg aufgelegtem Deckel 20 bis 25 Min. köcheln lassen.

❹ Zum Schluss die Hackbällchen 5 Min. zu dem Gemüse geben, abschmecken und die Petersilienblätter darüberstreuen.

GEMÜSE

200 g Lauch
1 kg Möhren
600 g Kartoffeln, vorwiegend festkochend
1 kleine Petersilienwurzel
½ Bund glatte Petersilie
1 EL Butter
1 EL Rapsöl
1 Lorbeerblatt, am besten frisch
3 Stiele frischer Thymian (oder ½ TL getrockneter)
500 – 1000 ml Brühe (Instant)

HACKBÄLLCHEN

1 mittelgroße Zwiebel
1 Ei
1 EL Senf
400 g gemischtes Hackfleisch
1 – 2 EL Semmelbrösel
Salz

Anstelle von Hackbällchen gehen auch rohe Bratwürste: 3 Stück im Ganzen anbraten, dann zur Brühe geben und kurz mitgaren. Allerdings hat diese Variante weniger Röstaroma.

CHICKEN NUGGETS

- 400 g Hühnerbrust
- 3–4 EL Rapsöl
- 80 g Mehl
- 120 g Semmelbrösel
- 2 Eier
- Salz, Pfeffer

Fastfood zu Hause? Aber sicher doch. Diese knusprigen Nuggets bestehen garantiert aus ganzen Stücken, nicht zerkleinertem Fleisch. Wählen Sie die Panade nach Wunsch, es können rundherum auch Cornflakes sein.

❶ Fett und Sehnen vom Hühnerfilet abschneiden, in Stücke schneiden (etwa 3 cm x 3 cm). Mehl, Semmelbrösel und verquirlte Eier auf je einen Teller geben. Das Fleisch salzen, pfeffern und nacheinander in Mehl, Ei und Semmelbröseln wenden. Wichtig: Die Brösel nicht fest andrücken oder festklopfen, sonst wird die Panade nicht so knusprig!

❷ Das Öl in einer Pfanne bei mittlerer Hitze langsam erhitzen. Nur so viele Nuggets hineingeben, dass jedes gut Platz hat: Etwa 1/3 der Pfanne sollte frei sein, sonst kühlt das Fett zu stark herunter und die Nuggets saugen sich voll. Auf jeder Seite 2 bis 3 Min. backen, dann zum Aufsaugen auf einen Teller mit Küchenpapier geben. Größere Mengen im Ofen bei 100 °C warmhalten.

❸ Statt Brösel gehen auch Sesam, gehobelte Mandeln oder Kürbiskerne. Auch gut: Ungesüßte Cornflakes oder Tortillachips, vorher in einem Gefrierbeutel mit dem Nudelholz gecrasht.

⏲ 30 MIN ◆ 260 KCAL, 20 g E, 9 g F, 23 g KH, 2 g B

KNUSPERFISCH AUS DEM OFEN

- 600 g weißes Fischfilet (frisch oder tiefgefroren)
- 2 EL Zitronensaft
- 800 g Pellkartoffeln
- 2 Fenchelknollen, etwa 500 g
- 300 g Möhren
- 4 EL Butter
- 300 ml Gemüsebrühe (Instant)
- 1 Bund Petersilie
- 5 Stiele frischer Thymian (oder 1 TL getrockneter)
- 6–7 EL Semmelbrösel, etwa 80 g
- 2 EL mittelscharfer Senf
- Salz, Pfeffer

Unter den knusprigen Kräuterbröseln steckt eine ganze Mahlzeit mit Gemüse und Kartoffeln. Am besten schmeckt es mit frischem Fisch. Das Gericht klappt aber auch gut mit tiefgefrorenem. Der braucht nur etwas länger.

❶ Backofen auf 200 °C (Ober-/Unterhitze) vorheizen. Den Fisch gegebenenfalls antauen lassen, sonst abspülen und trockentupfen. Die Filets mit Zitronensaft beträufeln, salzen und pfeffern. Die Kartoffeln pellen, in grobe Stücke schneiden. Den Fenchel erst waschen, oben und unten kappen, halbieren und den Strunk entfernen, dann in dünne Streifen schneiden. Die Möhren schälen und in dünne Scheiben schneiden.

❷ Eine feuerfeste Form mit etwas Butter ausstreichen. Gemüse und Kartoffeln gleichmäßig darin verteilen, die Brühe darübergießen, den Fisch darauflegen. Die Kräuter waschen und trockenschleudern, Blätter sehr fein hacken, am besten im Blitzhacker. Die Semmelbrösel in der Pfanne mit der Butter 2 bis 3 Min. anrösten, salzen, pfeffern und die Kräuter untermischen. Den Fisch mit Senf bestreichen, die Brösel darauf verteilen. Auf der mittleren Schiene 25 bis 30 Min. goldbraun backen, tiefgefrorenen Fisch 10 Min. länger. Evtl. noch etwas unter dem Grill nachbräunen.

⏲ 65 MIN, DAVON 30 AKTIV ◆ 320 KCAL, 24 g E, 10 g F, 34 g KH, 7 g B

Ist das Fett in der Pfanne heiß genug? Einfach einen Holzlöffel hinein halten – wenn kleine Bläschen daran aufsteigen, ist die Temperatur perfekt.

Kein Fan von Fenchel? Unter den knusprigen Fisch passen auch Erbsen, grüne Bohnen oder Kohlrabi. Auch frische Tomaten in Scheiben machen sich gut, im Winter lieber die aus der Dose.

FALSCHER HASE MIT BUNTEM INNENLEBEN

◷ 75 MIN, DAVON 35 AKTIV ● 420 KCAL, 29 g E, 18 g F, 31 g KH, 4 g B

Der Name hat Tradition: Wer sich früher keinen echten Braten leisten konnte, servierte einfach einen aus Hackfleisch. Bei unserem verbirgt sich unter der knusprigen Kruste gleich eine ganze Mahlzeit mit Eiern, Kartoffeln und buntem Gemüse. Das ist praktisch und gut vorzubereiten.

- 500 g Kartoffeln, vorwiegend festkochend
- 3 Eier, Größe M
- 2 Brötchen vom Vortag
- 300 ml Milch
- 1 rote Paprikaschote, etwa 150 g
- 2 mittelgroße Zwiebeln
- ½ Bund glatte Petersilie
- 600 g gemischtes Hackfleisch
- 200 g Mais
- Salz, Pfeffer, Paprika edelsüß
- 1 EL mittelscharfer Senf
- 1 EL Butter
- 2 EL Semmelbrösel

❶ Ofen auf 180 °C (Ober-/Unterhitze) vorheizen. Kartoffeln schälen, würfeln (Kantenlänge etwa 1,5 cm) und mit 2 TL Salz in etwa 400 ml Wasser 5 bis 7 Min. halbgar kochen. Eier hart kochen und pellen. Die Brötchen in leicht erwärmter Milch etwa 5 Min. einweichen und etwas zerpflücken. Die Paprika waschen und entkernen, die Zwiebel schälen, beides würfeln. Petersilie waschen, trockenschütteln, Blätter hacken.

❷ Hackfleisch mit Salz, Pfeffer und 1 TL Paprikapulver würzen. Mit Paprika, Zwiebel, Mais, Petersilie, Senf und eingeweichten Brötchen gut vermengen, am besten geht das mit den Händen. Salzen und pfeffern.

❸ Eine Kasten- oder Auflaufform (1,5 bis 2 l Inhalt) ausbuttern und mit Semmelbröseln ausstreuen. Die Kartoffeln unter die Hackmassse mischen, alternativ in der Form eine Hälfte der Hackmasse bis an den Rand verteilen, die Kartoffelstücke auf das Hack legen. Die ganzen Eier in die Mitte legen, so dass jeder beim Zerteilen davon abbekommt. Das restliche Hackfleisch darübergeben, an den Seiten der Form fest zusammendrücken. Mit Alufolie locker abgedeckt 35 bis 40 Min. auf der zweiten Schiene von unten im Ofen backen, dann ohne Abdeckung auf der zweiten Schiene von oben 5 bis 10 Min. knusprig bräunen lassen. In der Form servieren und bei Tisch portionsweise zerteilen.

Gut dazu ist selbstgemachter Ketchup (S. 102). Falscher Hase schmeckt warm am besten, lässt sich aber auch gut zum Picknick mitnehmen.

ALLES FÜR EINEN TOLLEN TAG

Seinen Geburtstag erwartet jedes Kind voller Spannung, dann ist es der König des Tages. Am schönsten ist es, wenn das Fest dazu am selben Tag gefeiert wird, draußen oder drinnen, am allerbesten aber mit allen Freunden. Das geht nicht ohne Planung rund um Spiel, Spaß und alles, was schmeckt.

KULINARISCH VORPLANEN

Wenn die Gäste kommen, wird es turbulent. Vorbereitung verhilft zu Gelassenheit. Fingerfood ist immer praktisch, dafür sind zum Beispiel bunt dekorierte Muffins mit kleinen Geburtstagskerzen ideal. Für eine richtige Geburtstagstorte braucht man Besteck und Teller. Unsere geht ganz schnell und lässt sich gut am Tag vorher zubereiten (siehe Seite 101). Ein Hit ist auch der Geburtstagsklassiker Kalter Hund (siehe rechts). Auch Erwachsene lieben ihn. Er bleibt selbst ohne Kokosfett fest genug, sogar draußen in der Sonne. Für den späteren Nachmittag lässt sich ebenfalls viel vorbereiten. Dann gibt es bunt belegte Brote, dekorative Obst- und Gemüsespieße, kleine Fleisch- oder Grünkernbällchen, dazu Nudel- oder Kartoffelsalate.

GEMEINSAM KOCHEN

Selber kochen ist ein großer Spaß. Vor allem mit Größeren kann das gut ein Teil des Geburtstagsprogramms sein. Lassen Sie die Gäste ihre selbst gemachte Pasta durch die Nudelmaschine kurbeln oder Burger braten, die dann jeder nach Wunsch kombiniert. Kleinere freuen sich, wenn sie eine Pizza belegen dürfen. Den Hefeteig dazu bereiten die Eltern morgens zu und lassen ihn im Kühlschrank warten, ebenso die Tomatensauce. Mit fast allen kleineren und größeren Gästen kann man auch gleich zu Beginn Sorbets rühren und in die Gefriertruhe stellen. Wenn die Party zu Ende geht, werden sie als Abschiedsdessert gereicht, das Rezept gibt's zum Mitnehmen gleich dazu.

Diese Schoko-Keks-Orgie ist immerhin relativ gesund: Es steckt weder – ungünstiges – Kokosfett drin noch Eigelb, das gefährliche Salmonellen enthalten könnte, die sich ungekühlt rasant vermehren.

30 MIN + 3 STD ♠ 230 KCAL, 4 g E, 10 g F, 30 g KH, 5 g B

KALTER HUND – GANZ BUNT

Kalten Hund gab es sogar bei der Hochzeit von Kate und Prinz William – seitdem ist dieser Klassiker gewissermaßen adlig. Für den Kindergeburtstag wird er ganz bunt dekoriert.

FÜR 15 SCHEIBEN

- 350 g Vollmilchkuvertüre
- 200 g Sahne
- 150 – 175 g Vollkorn-Butterkekse
- 2 – 3 kleine Bananen
- 2 – 3 EL Konfitüre nach Wunsch
- 50 g Nuss-Nugat-Creme
- bunte Zuckerperlen zur Dekoration

❶ Die Kuvertüre mit einem großen Messer in kleine Stücke zerteilen. Die Sahne in einem Topf erwärmen, Kuvertüre darin schmelzen und glattrühren. Die abgekühlte Masse mit dem Rührgerät cremig aufschlagen.

❷ Eine Kastenform innen anfeuchten, Frischhaltefolie hineinlegen, 2 EL Schokosahne auf den Boden streichen. Eine Lage Butterkekse dicht an dicht darauf festdrücken, erst Bananenscheiben, dann Schokosahne darüber geben. Es folgen wieder abwechselnd Kekse, Bananen, Schokosahne. Eine Lage Kekse in der Mitte mit Konfitüre bestreichen und sofort wieder Kekse darauflegen. Zum Schluss ganz oben eine Lage Kekse pur. Mindestens 3 Std. kalt stellen.

❸ Den kalten Hund stürzen, die Folie abziehen, oben Nuss-Nugatcreme aufstreichen, mit bunten Perlen dekorieren, beispielsweise mit Namen und Alter des Geburtstagskinds. Der Kekskuchen hält sich ein paar Tage.

TRINKEN, TRINKEN, TRINKEN

Das ist gerade beim Spielen und Toben wichtig. Der Mensch besteht überwiegend aus Wasser, Säuglinge zu rund 70 %, Erwachsene zu 50 bis 55 %. Etwa 5 % davon verlieren wir täglich durch Schweiß, Urin, beim Atmen. Bei kleinen Kindern macht das schon mehr als 1 Liter. Da ist Nachtanken wichtig. Dabei zählt auch die Flüssigkeit in Obst oder Suppe. Babys brauchen zusätzliche Flüssigkeit zur Milch höchstens, wenn sie krank sind. Kinder zwischen zwei und drei Jahren sollten täglich etwa 700 ml trinken, ab dem vierten Jahr langsam mehr. Jugendliche und Erwachsene sollten 1,5 bis 2 Liter zu sich nehmen, bei großer Hitze deutlich mehr. Man kann kaum über den Durst trinken.

DIE DURSTLÖSCHER

Alles mit viel Zucker ist ungünstig. Limos enthalten meist etwa 10 % Zucker, das macht recht schnell wieder durstig. Säfte sind ähnlich süß, aber gepaart mit einigen Biostoffen. Optimal ist Leitungswasser: Es ist das am besten kontrollierte Lebensmittel, unschlagbar billig, fast jederzeit verfügbar und selbst für Babys vollkommen in Ordnung. Wenn Wasser zu langweilig wird, locken schillernd beworbene Wellness-Drinks. Sie sind aber meist teuer und wenig natürlich, oft auch mit künstlicher Süße. Viele enthalten Zutaten mit Wohlfühl-Image wie grünen Tee, Ingwer oder Limette. Oft suggerieren Vitamine und Mineralstoffe eine Extraportion Gesundheit, der Nutzen ist meist zweifelhaft. Achten Sie aufs Etikett, es muss alle Zutaten aufführen. Sinnvoller ist nur leicht gesüßter Tee mit etwas Zitrone, unser selbstgemachter Beerensaft (siehe Seite 37) oder der klassische Mix aus einem Drittel Apfelsaft und zwei Dritteln Mineralwasser. Das löscht den Durst richtig gut und ein Glas von etwa 200 ml kommt gerade mal auf rund 30 kcal.

Weitere Rezeptvorschläge auf Seite 198.

25 MIN ◆ 350 KCAL, 10 g E, 14 g F, 39 g KH, 5 g B

SCHNELLE GEBURTSTAGS-TORTE MIT KNUSPERMÜSLI

Diese Geburtstagstorte macht viel her, aber kaum Arbeit. Fertige Böden aus dem Supermarkt und tiefgefrorene Beeren machen's möglich. Das Geburtstagskind darf das Knuspermüsli auswählen – und die Kerzen auspusten.

❶ Die beiden Frischkäsesorten mit Quark, Zucker und geriebener Zitronenschale zu einer relativ festen Creme rühren – sie soll Spitzen ziehen. Jeder Quark ist unterschiedlich fest: Bei Bedarf mit Joghurt verdünnen. Den untersten Wiener Boden in eine Springform geben, mit 350 g Creme bestreichen, die Hälfte der Beeren darauf verteilen, 100 g Knuspermüsli darüberstreuen. Den zweiten Boden fest andrücken, nur mit Beeren belegen. Den letzten Boden auflegen, mit 100 g Creme bestreichen. Wenn möglich 2 Std. kühlstellen.

❷ Die Springform öffnen, die Torte evtl. vorsichtig mit einem nassen Messer von der Form lösen. Den Rand mit der restlichen Creme bestreichen, darauf das restliche Müsli, mit den Händen leicht andrücken. Die Marmelade auf der Tortenmitte kreisförmig verstreichen, die frischen Beeren darauf geben. Wer möchte, bestreut den Rand mit geraspelter Schokolade.

In 200 g Frischkäse steckt mehr als 1 l Milch, vor allem Eiweiß und leicht verdauliches Fett. Aber vom Kalzium sind rund drei Viertel bei der Herstellung mit der Molke abgeflossen. In fettreduzierten Produkten sorgen natürliche Verdickungsmittel wie Johannisbrotkernmehl für die Konsistenz.

- 500 g Frischkäse, Doppelrahmstufe
- 250 g Frischkäse, etwa 13 % F. i.Tr.
- 250 g Magerquark
- 75 g Zucker
- 1 TL geriebene Zitronenschale
- 1 Wiener Boden, dreilagig dunkel
- 700 g gefrorene Beeren (wie Himbeeren, Blaubeeren, Kirschen, Mischungen)
- 300 g Knuspermüsli mit Schoko
- 3 EL Orangenmarmelade oder Waldbeerkonfitüre
- 300 g frische Beeren (wie Erdbeeren, Physalis, Johannisbeeren)

TIPP FÜR ELTERN:

→ *Ketchup steckt voll gesunder Biostoffe aus Tomaten und enthält selbst gemacht recht wenig Zucker. In einem heiß ausgespülten Marmeladenglas hält er sich einige Zeit im Kühlschrank.*

KETCHUP ◆ PRO 100 ML 70 KCAL, 4 g E, 7 g KH, 2 g B REMOULADE ◆ PRO 100 ML 80 KCAL, 5 g E, 5 g F, 15 g KH, 2 g B

KETCHUP UND REMOULADE

Ketchup gibt's nur im Supermarkt? Stimmt nicht! Ketchup kann man ganz leicht selber machen. Remoulade auch, dazu braucht man aber ein paar besondere Zutaten wie Sardellen und Kapern.

❶ Für den Ketchup ritzt ihr die Tomaten oben (da wo der grün-graue Kreis ist) mit einem Messer über Kreuz ein. Apfel und Paprika waschen, halbieren, die Kerne herausschneiden. Dann beides in kleine Stücke schneiden. Die Zwiebel sollten besser Große schälen und würfeln. Die bittet ihr auch, etwa 2 l kochendes Wasser über die Tomaten zu gießen und die Tomaten dann kalt abzuspülen. Ihr könnt dann ganz leicht die Haut abziehen. Tomaten in kleine Würfel schneiden, Kerne und Saft nicht wegwerfen!

❷ In einem Topf lasst ihr 1 EL Öl heiß werden, gebt dann die Zwiebelstücke hinein und rührt gut um, bis sie ein bisschen durchsichtig werden. Dann Paprika- und Apfelstücke dazu und etwa 3 Min. weiterbraten. Jetzt kommen 1 EL Zucker oder Agavendicksaft, Essig und Tomatenstücke rein. Lasst alles ohne Deckel und bei wenig Hitze etwa 15 Min. auf dem Herd und rührt ab und zu um. Danach mit dem Mixstab pürieren. Wer mag, gibt noch ein bisschen Salz dazu.

❸ Für die Remoulade die Sardellenfilets abspülen. Möhre und Sellerieknolle schälen. Beide mit einem sehr scharfen Messer erst der Länge nach in Scheiben schneiden, diese in Streifen, dann in Miniwürfel. Dasselbe macht ihr mit den Gewürzgurken. Kapern und Sardellenfilets müssen winzig klein gehackt werden, dabei lasst ihr euch besser helfen.

❹ Joghurt und Mayonnaise mit Senf und etwas Gurkenwasser verrühren. Dann mit den Gemüsewürfeln, den Kapern und Sardellen mischen. Die Kräuter abspülen, vorsichtig trockenschütteln, möglichst fein hacken und unter die Remoulade rühren. Noch einmal abschmecken.

FÜR 500 G KETCHUP

- 300 g Tomaten
- 1 rote Paprikaschote, 150 g
- ½ kleiner Apfel
- 1 mittelgroße Zwiebel
- 1 EL Rapsöl
- 1 EL Rotweinessig
- 1 EL Zucker (oder Agavendicksaft)
- Pfeffer

FÜR 500 G REMOULADE

- 2–4 Sardellenfilets
- 1 Möhre, etwa 100 g
- 50 g Knollensellerie
- 50 g Gewürzgurken
- 1 EL Kapern
- 150 g Joghurt
- 1 EL mittelscharfer Senf
- 100 g Salatcreme (oder Mayonnaise)
- 1–2 Bund gemischte Kräuter nach Wunsch
- Salz, Zucker

⊙ 150 MIN, DAVON 50 AKTIV ● 290 KCAL, 21 g E, 15 g F, 15 g KH, 2 g B

ORIENT-RAGOUT MIT KICHERERBSEN

Ein paar ungewohnte Zutaten machen dieses Ragout so richtig interessant, aber nicht kompliziert. Es schmort ein paar Stunden im Ofen – und es reicht noch zu einer zweiten Mahlzeit. Falls das Gemüse knapp wird, geben Sie einfach noch ein paar Kichererbsen aus der Dose dazu.

1 Das Fleisch in gulaschgroße Würfel schneiden, mit 2 TL Ras el-Hanout vermengen. Die Zwiebeln häuten und in Stücke schneiden, wenn ganz Kleine mitessen, am besten fein würfeln. Zwei Drittel davon in einem großen Bräter mit 2 EL Olivenöl etwa 2 Min. anbraten. Das Fleisch dazugeben, etwa 5 Min. mitbraten – es muss nicht rundherum kross werden. Das Fleisch salzen, pfeffern, die Säfte und die Brühe dazugießen. Bei leicht geöffnetem Deckel und kleinster Hitze etwa 2 Std. schmoren lassen. Wenn die Flüssigkeit dabei stark einkocht, einfach ein wenig Wasser nachgießen.

2 Die Kichererbsen abtropfen lassen, dabei die Flüssigkeit teilweise auffangen. Die Kräuter waschen, trockenschütteln und in feine Streifen schneiden. Die Paprikaschoten entkernen und in feine Streifen oder Würfel, die Knoblauchzehen in dünne Scheiben schneiden.

3 Etwa 20 Min., bevor das Fleisch fertig ist, die Paprika, Kräuter und Knoblauch mit den restlichen Zwiebeln in 2 bis 3 EL Olivenöl scharf anbraten, salzen und pfeffern. Kichererbsen und 2 EL Zitronensaft dazugeben, evtl. etwas Abtropfflüssigkeit. Erhitzen und mit 1 EL Butter, Pfeffer und Salz abschmecken, die Kräuter darüberstreuen und als Beilage zum Fleisch servieren. Dazu schmeckt griechischer Joghurt und knuspriges Fladenbrot – einfach leicht mit Wasser benetzt 7 Min. bei 200 °C aufbacken.

1 kg Rindernacken (oder anderes leicht durchwachsenes Fleisch)
2 TL Ras el-Hanout
6 mittelgroße Zwiebeln
5 EL Olivenöl
100 ml roter Traubensaft
100 ml Birnensaft
500 ml Brühe (Instant)
2 große Dosen Kichererbsen (je 480 g Abtropfgewicht)
½ Bund Koriander (oder Petersilie)
2 rote Paprikaschoten, etwa 350 g
2 Knoblauchzehen
1 EL Zitronensaft
1 EL Butter
Salz, Pfeffer

Hier geben Fruchtsäfte anstelle von Wein eine spezielle Geschmacksnote. Die nordafrikanische Gewürzmischung Ras el-Hanout bekommen Sie meist in türkischen Läden oder aber über das Internet.

HÜHNERBRUST MIT STECKRÜBEN UND MÖHREN

1 Bund glatte Petersilie
500 g Steckrübe
500 g Kartoffeln, vorwiegend festkochend
600 g Möhren
400 g Hühnerbrust
2 EL Rapsöl
2 EL Butter
1 TL Zitronensaft
Salz, Pfeffer, Zucker

Kartoffeln, Rüben und vor allem Möhren liefern hier reichlich Ballaststoffe: Eine Portion deckt den halben Tagesbedarf.

Gut, dass Kinder die nussige Steckrübe gerne mögen. Hier wird sie zusammen mit Hühnerbrust und Möhren zum kalorienarmen Sattmacher.

❶ Den Ofen auf 160 °C (Ober-/Unterhitze) vorheizen. Petersilie waschen, trocknen, die Blätter grob hacken. Steckrübe und Kartoffeln schälen, in grobe Würfel (etwa 2 cm x 2 cm) schneiden, auf kleinster Stufe bei geschlossenem Deckel 15 bis 20 Min. in leicht gesalzenem Wasser garen. Die Möhren schälen, erst längs halbieren, dann schräg in Scheiben schneiden.

❷ Die Hühnerbrustfilets salzen und pfeffern, in 1 EL Rapsöl von beiden Seiten je 2 bis 3 Min. anbraten. In einer feuerfesten Form zugedeckt (Alufolie/Deckel) 10 bis 15 Min. im Ofen garen, bis sie ganz durch sind.

❸ In der Fleischpfanne die Möhren mit je 1 EL Butter und Rapsöl erhitzen, mit 1 bis 2 EL Wasser zugedeckt bei niedriger Hitze etwa 5 Min. andünsten, salzen und pfeffern. Die Steckrüben und Kartoffeln abgießen, mit 1 EL Butter, Zitronensaft, einer Prise Zucker und der gehackten Petersilie vermengen, abschmecken.

❹ Die Hühnerbrust aus dem Ofen holen, den Bratensaft über das Gemüse geben. Mit den Möhren servieren.

◷ 40 MIN ◆ 200 KCAL, 20 g E, 5 g F, 21 g KH, 8 g B

CHILI OHNE CHILI

150 g Reis, parboiled
1 mittelgroße Zwiebel, etwa 100 g
500 g gemischtes Hackfleisch
5 Stiele frischer Oregano (oder ½ TL getrockneter)
3 Stiele frischer Thymian (oder ½ TL getrockneter)
2 Lorbeerblätter
2 EL Rapsöl
400 ml Brühe (Instant)
400 g gestückelte Tomaten (Dose oder Tetrapak)
300 g Mais (Dose)
200 g Erbsen, tiefgefroren
Salz, Pfeffer, Zucker

Chili muss nicht scharf sein, das beweist diese kinderfreundliche Variante. Der südamerikanische Küchenklassiker kommt hier ohne Bohnen aus, bietet aber Mais, Erbsen und viele Kräuter.

❶ Zwiebel schälen und würfeln, mit Hackfleisch, Kräuterstielen und Lorbeerblättern in einem großen Topf in Rapsöl scharf krümelig anbraten. Nach 5 bis 8 Min. Brühe und gestückelte Tomaten dazugeben und bei kleiner Hitze mit schräg aufgelegtem Deckel etwa 1 Std. köcheln lassen, immer mal wieder umrühren. Das lange Köcheln verbindet die Aromen besonders gut.

❷ Nach etwa 30 Min. den Reis mit 150 ml Wasser und ½ TL Salz kurz aufkochen, die Herdplatte ausschalten, den Topf aber zugedeckt darauf stehen lassen. Alternativ den Reis nach Packungsanweisung in etwa 2 l Wasser kochen, nach 18 bis 20 Min. abgießen. Warmhalten.

❸ Mais und Erbsen zu dem Tomatenhack geben, noch einmal 10 Min. köcheln lassen. Die Kräuterstiele herausfischen und das Chili mit Salz, Pfeffer und einer Prise Zucker abschmecken. Mit dem Reis dazu servieren.

◷ 85 MIN, DAVON 25 AKTIV ◆ 315 KCAL, 23 g E, 12 g F, 25 g KH, 3 g B

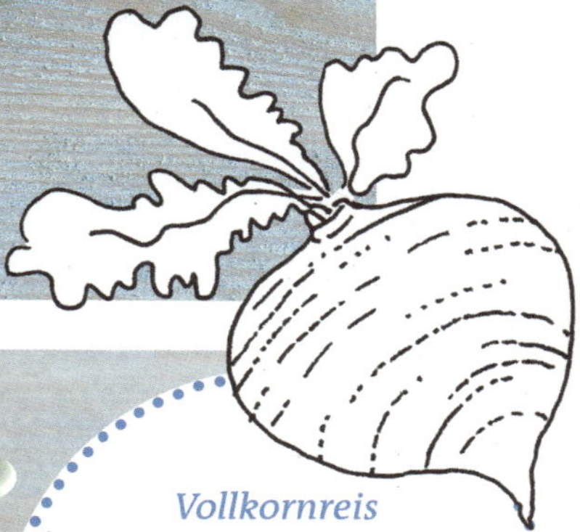

Vollkornreis mögen viele nicht so recht. Weißer parboiled Reis tut es auch, er enthält dank eines Spezialverfahrens noch etwa 80 Prozent der Nährstoffe.

Fisch

LACHS MIT SPITZKOHL UND KARTOFFELN

⏱ 30 MIN ◆ 350 KCAL, 20 g E, 15 g F, 31 g KH, 6 g B

Spitzkohl schmeckt sanft und weich und wird blitzschnell gar. Ein idealer Begleiter ist Lachs. Er passt farblich perfekt und punktet mit mit vielen wertvollen Omega-3-Fettsäuren.

❶ Lachs ggf. auftauen lassen. Kartoffeln schälen, in etwa gleich große Stücke schneiden, kochen. Zwiebeln schälen und in Streifen schneiden. Äußere Blätter vom Spitzkohl entfernen, den Kohl vierteln, den Strunk entfernen, die Blätter in feine Streifen schneiden.

❷ Die getrockneten Tomaten würfeln, in 1 EL Öl mit den Zwiebeln und Thymianstielen 2 bis 3 Min. in einer großen Pfanne scharf anbraten, mit Salz und einer Prise Zucker abschmecken. Erst den Spitzkohl dazugeben und 2 bis 3 Min. mitbraten, danach Milch und Brühe dazugeben und 5 bis 7 Min. köcheln lassen.

❸ Lachsfilets in Mehl wenden. In einer kleineren Pfanne bei mittlerer Hitze mit 1 EL Öl und dem gehackten Knoblauch auf jeder Seite etwa 4 Min. anbraten. Er soll leicht bräunen, noch saftig und doch durchgebraten sein! Salzen und pfeffern. Die Kartoffeln abgießen, den Lachs auf den Spitzkohl betten. Die Kartoffeln dazu servieren.

- 400 g Lachsfilet (frisch oder tiefgefroren)
- 1 kg Kartoffeln, vorwiegend festkochend
- 2 mittelgroße Zwiebeln
- 1 kleiner Spitzkohl, etwa 700 g
- 5 getrocknete Tomaten in Öl
- 2 EL Öl (von den getrockneten Tomaten)
- 5 Stiele frischer Thymian
- 150 ml Milch
- 100 ml Gemüsebrühe (Instant)
- 2 EL Mehl
- 1 Knoblauchzehe
- Salz, Zucker

SPITZKOHL-TOMATENGEMÜSE MIT HÜHNERBRUST

⏱ 40 MIN ◆ 285 KCAL, 21 g E, 9 g F, 26 g KH, 6 g B

Aus den klassischen Zutaten Kohl, Kartoffeln und Fleisch entsteht hier ein vitaminreiches, fettarmes und aromatisches Gericht. Es begeistert Kinder und Erwachsene gleichermaßen.

❶ Backofen auf 180 °C (Ober- / Unterhitze) vorheizen. Kartoffeln schälen, größere halbieren, 15 bis 20 Min. gar kochen. Die Hühnerfilets in 1 EL ÖL von allen Seiten 2 bis 4 Min. scharf anbraten, salzen, in einer feuerfesten Form im Backofen etwa 15 Min. fertig garen lassen.

❷ Die Schalotte in dünne Streifen schneiden. Vom Spitzkohl die äußersten Blätter entfernen, den Kopf halbieren, vom Strunk her in dünne Streifen schneiden, dann quer in kleine Würfel, Tomaten würfeln. Schalotten und Thymian 2 bis 3 Min. in 1 EL Öl anbraten, Kohlstückchen dazugeben, unter Rühren anbräunen, abschmecken mit Salz, Pfeffer und einer Prise Zucker. Tomaten, Milch und Brühe dazugeben, kurz aufkochen, erneut abschmecken. Kartoffeln abgießen, kurz im Kochtopf abdampfen lassen.

❸ Die Hühnerbrust – für Kleine aufgeschnitten – mit dem Gemüse und den Kartoffeln servieren. Den Bratensaft über den Kohl geben.

- 1 kg Kartoffeln vorwiegend festkochend
- 400 g Hühnerbrustfilet
- 2 Schalotten
- 1 kleiner Spitzkohl, etwa 500 g
- 5 Stiele frischer Thymian (oder 1 EL getrockneter)
- 6 getrocknete Tomaten in Öl
- 2 EL Öl (von den getrockneten Tomaten)
- 100 ml Milch
- 100 ml Brühe (Instant)
- Salz, Pfeffer, Zucker

⏲ 75 MIN, DAVON 30 AKTIV ♠ 330 KCAL, 30 g E, 13 g F, 21 g KH, 6 g B

PLATTES HÄHNCHEN MIT OFENGEMÜSE

Am einfachsten für ein entspanntes Familienleben sind Rezepte, bei denen alles gleichzeitig aus dem Ofen kommt. Das halbierte Hähnchen wird so besonders saftig und butterweich, mediterran-würziges Gemüse und Kartoffeln schmoren mit auf dem Blech.

❶ Ofen auf 220 °C (Ober-/Unterhitze) vorheizen. Ein Backblech mit hohem Rand (Fettpfanne) mit Backpapier auslegen, auf die unterste Schiene im Ofen schieben.

❷ Das Hähnchen mit einer Geflügel- oder Haushaltsschere oder einem scharfen Messer am Rücken aufschneiden, mit dem Handballen etwas platt drücken, die Hautseite mit Salz und Pfeffer einreiben. Das Hähnchen auf einem Rost über der Fettpfanne etwa 1 Std. backen.

❸ Die Kartoffeln gründlich waschen, größere Exemplare halbieren. Die Möhren schälen und in etwa 1 cm dicke Scheiben oder Streifen schneiden. Schalotten schälen und vierteln, den Knoblauch nur schälen. Vom Fenchel den Wurzelansatz und dicke Stiele abschneiden, die Knolle halbieren, vierteln und evtl. achteln. Dabei den Strunk dranlassen, so fällt der Fenchel nicht auseinander. Das Gemüse in einer großen Schüssel gut mischen und salzen.

❹ Nach 30 Min. Bratzeit die Fettpfanne unter dem Grillrost vorsichtig aus dem Ofen holen und auf den Herd stellen (Achtung: sehr heiß!). Das Gemüse und die Kräuterstiele darauflegen, alles in dem heruntergetropften Hähnchenfett wenden und zurück in den Ofen geben. Unter dem Hähnchen auf dem Rost etwa 30 Min. garen.

❺ Das Hähnchen auf einer Platte servieren, es lässt sich ganz leicht zerteilen. Dazu gibt es das Ofengemüse. Reste schmecken auch kalt, sehr gut dazu ist Zaziki.

1 Hähnchen, ca. 1250 g
600 g kleine junge feste Kartoffeln wie Drillinge
500 g Möhren
2 Schalotten
2 Knoblauchzehen
1 mittelgroße Fenchelknolle
2 Stiele frischer Rosmarin
2 Stiele frischer Thymian
Salz, Pfeffer

Das Ofengemüse können Sie auch ganz einfach ohne Hähnchen zubereiten. Dazu das Gemüse in einer Schüssel mit 2 bis 3 Esslöffel Öl und etwas Salz mischen, bevor es in die Fettpfanne kommt.

SCHWEINEFILET MIT MÖHRCHEN UND KARTOFFELN

700 g Kartoffeln, vorwiegend festkochend
1 kg Möhren
2 EL Rapsöl
1 EL Butter
Salz, Pfeffer, Honig
3 Schalotten
400 g Schweinefilet
5 Stiele frischer Thymian (oder ½ TL getrockneter)
3 Stiele frischer Estragon (oder ½ TL getrockneter)
1 TL heller Balsamessig (oder Zitronensaft)

Möhren satt, dazu Kartoffeln und wer mag ein Stück gekräutertes Filet aus der Pfanne. Das geht schnell, schmeckt allen, hat reichlich Ballaststoffe und Vitamine und ist sogar noch gut für die Figur der Eltern.

❶ Die Kartoffeln schälen, größere halbieren, etwa 15 Min. in gesalzenem Wasser garen, abgießen. Die Möhren schälen, längs halbieren und in dünne Scheiben schneiden.

❷ Möhren mit je 1 EL Rapsöl und Butter bei mäßiger Hitze andünsten, ab und zu umrühren. Salz, Pfeffer und 1 Msp. Honig (oder eine Prise Zucker) dazugeben, mit 200 ml Wasser zugedeckt bei mäßiger Hitze 5 bis 6 Min. bissfest garen, für ganz Kleine etwa 10 Min.

❸ Schalotten schälen und vierteln, den Strunk nicht entfernen, sonst fallen sie auseinander. Vom Schweinefilet mit einem spitzen Messer die sog. Silberhaut entfernen. Das Filet in etwa 2 cm dicke Scheiben schneiden, leicht platt drücken und mit 1 EL Rapsöl, Schalotten und Kräutern 2 bis 4 Min. scharf anbraten. Wenden und bei mittlerer Hitze weitere 3 bis 5 Min. braten.

❹ Vor dem Servieren die Möhren mit dem Balsamessig abschmecken.

⌚ 35 MINUTEN ◆ 250 KCAL, 18 g E, 9 g F, 23 g KH, 8 g B

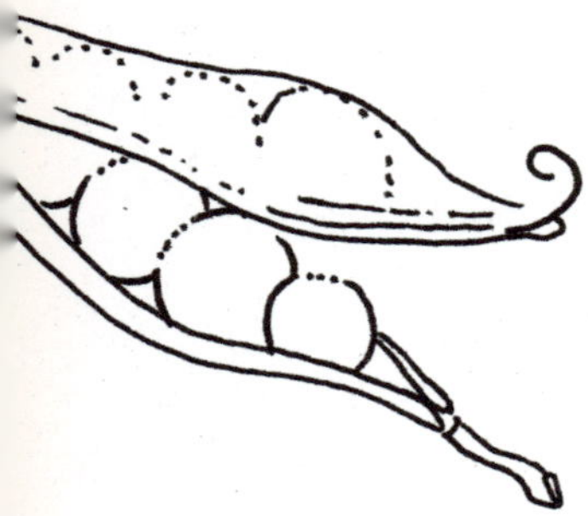

FISCHRAGOUT MIT REIS UND ERBSEN

150 g Langkornreis, parboiled
400 g festes Fischfilet (z. B. Seelachs, Seehecht, frisch oder gefroren)
½ Bund Petersilie
½ EL Dill (frisch oder getrocknet)
30 g Butter
2 gestrichene EL Mehl
300 ml Milch
500 g junge Erbsen, tiefgefroren
Zitronensaft
Salz, Pfeffer

Die traditionelle weiße Sauce wird hier mit milden grünen Erbsen, aromatischen Kräutern und gesundem Fisch kombiniert.

❶ Den Reis mit der doppelten Menge leicht gesalzenem Wasser aufkochen, dann auf kleinster Stufe zugedeckt ziehen lassen. Die Fischfilets ggf. antauen lassen, in mundgerechte Stücke schneiden. Die Kräuter waschen, trockenschütteln und hacken.

❷ Für die Sauce die Butter schmelzen, bei mittlerer Hitze das Mehl unterrühren und kurz andünsten, bis sich ein feiner weißer Belag auf dem Topfboden gebildet hat. Dann schnell zuerst 200 ml warmes Wasser, danach die angewärmte Milch mit einem Schneebesen unterrühren und aufkochen, ohne dass sich Klümpchen bilden (Notfalls mit dem Mixer pürieren). Salzen und pfeffern. Den Fisch dazugeben, noch einmal kurz aufkochen, vom Herd nehmen und zugedeckt etwa 10 Min. ziehen lassen. Mit etwas Zitronensaft und den Kräutern abschmecken.

❸ Inzwischen die Erbsen in sehr wenig Wasser – etwa fingerbreit – mit je 1 TL Salz und Butter 3 bis 5 Min. zugedeckt garen. Mit dem Fischragout und dem Reis getrennt servieren.

⌚ 30 MIN ◆ 290 KCAL, 22 g E, 6 g F, 36 g KH, 5 g B

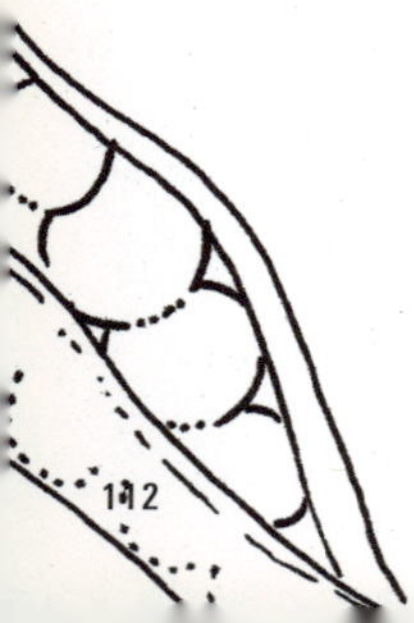

Wer Möhren mit Fett gart, kann mehr wichtige Karotionoide aufnehmen. Etwas Butter und Honig oder Zucker intensivieren die Aromen.

Nur junge Erbsen schmecken süß, später wandelt sich der Fruchtzucker zu Stärke, sie werden mehlig. Für alle gilt: Sie sind reich an Eiweiß und Ballaststoffen.

ZUCCHINI-TOMATEN MIT FILET UND GNOCCHI

⏲ 35 MIN ◆ 340 KCAL, 25 g E, 11 g F, 32 g KH, 4 g B

Klein, groß, gestückelt oder getrocknet – Tomaten gibt's in vielen Varianten. Jede schmeckt ein wenig anders, aber (fast) alle schmecken gut. Vor allem im Sommer, wenn sie so richtig schön sonnengereift sind. Mit Zucchini, fertigen Gnocchi und kurz gebratenem Filet aus der Pfanne ergibt das ein aromatisches, schnelles Gericht.

500 g Schweinefilet
4 getrocknete Tomaten in Öl
2 EL Öl (von den Tomaten)
250 g mittelgroße sommerreife Tomaten (oder gestückelte aus der Dose/Tetrapak)
400 g Zucchini
1 EL Butter
500 g Gnocchi (Kühlregal)
1 EL Rapsöl
½ Topf Basilikum
Zitronensaft
Salz, Pfeffer, Zucker

❶ Backofen auf 160 °C (Ober-/Unterhitze) vorheizen. Das Schweinefilet parieren (Sehnen und Silberhäute abtrennen) und in 4 cm dicke Scheiben schneiden. Leicht platt drücken und mit 1 EL Öl von beiden Seiten 3 bis 4 Min. scharf anbraten. In einer feuerfesten Form im Backofen 10 bis 15 Min. gar ziehen lassen.

❷ Die getrockneten Tomaten würfeln. Die frischen halbieren, vom Stielansatz befreien und ebenfalls würfeln, dabei den Saft auffangen. Zucchini halbieren (bei größeren Exemplaren das Innere mit Kernen mit einem Löffel herausschälen), in dünne Halbringe schneiden. Im Bratfett der Filets und 1 EL Butter 2 bis 4 Min. scharf anbraten. Tomaten und Tomatensaft dazugeben, erhitzen und gut durchrühren, mit Salz, einer Prise Zucker und etwas Zitronensaft abschmecken.

❸ Das Basilikum waschen, trockenschleudern, die Blättchen hacken. Die Gnocchi direkt in eine zweite Pfanne geben, mit 1 EL Öl 4 bis 5 Min. knusprig braten, dabei ab und zu durchschwenken. Zusammen mit dem Schweinefilet und dem Gemüse servieren. Dabei den Bratensaft, der sich im Ofen gebildet hat, zu dem Gemüse geben und das gehackte Basilikum darüberstreuen.

❹ Noch aromatischer wird es, wenn Sie eine der großen Tomaten durch 5 Cherry- oder Datteltomaten ersetzen. Im Winter sind gestückelte Tomaten aus der Dose ein guter Ersatz, mit frischen und vor allem kleinen schmeckt's aber tomatiger.

Viel Salz ist nicht gut für kleine Kinder. Schmecken Sie schon beim Kochen ab – der Salzkonsum ist höher, wenn jeder beim Essen individuell nachsalzt. Bei diesem Rezept können Sie – für Kinder zumindest – auf zusätzliches Salz verzichten. Filet und Gnocchi bekommen auch so genug Würze.

TIPP FÜR ELTERN:

→ *Das vorgeheizte Blech lässt den Pizzaboden besonders knusprig werden. Der Ofen wird sehr heiß. Kinder sollten hier lieber nicht alleine hantieren.*

PIZZA MIT KNUSPERBODEN

BELAG 1 + 2 PRO STÜCK 360 KCAL, 15 g E, 13 g F, 46 g KH, 3 g B

Jetzt gibt's Pizza! Und zwar mit extra knusprigem Boden und extra leckerem Belag – den kann sich nämlich jeder selbst aussuchen. Der Teig braucht vor dem Backen ein wenig Zeit, weil er gehen muss, aber den Rest habt ihr blitzschnell gemacht.

❶ Für den Teig in einer großen Schüssel erst alle Zutaten mischen, dann kurz mit den Händen (oder einem Rührgerät) verkneten. Ein Geschirrtuch oder Frischhaltefolie über die Schüssel geben und den Teig in der Küche oder an einem anderen warmen Ort 1 bis 2 Std. gehen lassen. Er wird dabei etwa doppelt so groß wie vorher.

❷ Die Sauce macht ihr wie echte Pizza-Bäcker: Ihr wascht und trocknet das Basilikum und schneidet die Blätter in breite Streifen. Dann püriert ihr es zusammen mit den gehackten Tomaten, der geschälten Knoblauchzehe und 1 EL Öl mit dem Mixstab. Mit Salz, Pfeffer und einer Prise Zucker abschmecken.

❸ Heizt den Ofen auf 220 °C (Ober-/Unterhitze) vor, und zwar mit einem Backblech darin. Währenddessen belegt ihr ein zweites Blech mit Backpapier und drückt den Teig darauf mit bemehlten Händen flach. Dann rollt ihr ihn mit der – ebenfalls bemehlten – Teigrolle aus, so dass das ganze Blech bedeckt ist. Jetzt nehmt ihr einen Löffel und verstreicht damit die Pizzasauce über den gesamten Teig.

❹ Fehlt nur noch der Belag: Alles, was ihr gerne draufhaben möchtet, solltet ihr in Scheiben oder Stücke schneiden. Dann könnt ihr es wie ihr wollt auf der Pizza verteilen. Lasst von Erwachsenen das heiße Blech aus dem Ofen holen und die belegte Pizza samt Backpapier daraufziehen. Dann ab in den Ofen – zuerst für 10 Min. auf die unterste Schiene, dann 10 Min. auf die zweite von oben.

HEFETEIG FÜR 1 BLECH (8 STÜCKE)

- 500 g Mehl
- 250 ml lauwarmes Wasser
- 1 TL Salz
- ½ TL Zucker
- 1 EL Olivenöl
- ½ Päckchen frische Backhefe (oder 1 Tütchen Trockenhefe)

PIZZASAUCE

- 400 g gehackte Tomaten (Dose oder Tetrapak)
- ½ Bund Basilikum
- 1 EL Olivenöl
- 1 kleine Knoblauchzehe
- Salz, Pfeffer, Zucker

BELAG NACH WUNSCH, Z. B.

- je 100 g Zucchini/Kochschinken/Mozzarella
- je 100 g Salami/Schinken/geriebener Gouda
- 2 Paprikaschoten/100 g Oliven/2 Tomaten

SONNTAGSBRATEN MIT SALBEI UND GNOCCHI

Der gute alte Sonntagsbraten ist eine veraltete Tradition? Lassen Sie sich vom Gegenteil überzeugen! Bei diesem Rezept schmort der Braten mit mediterraner Würze familienfreundlich in Saft statt in Wein. Und er reicht auch für mehr als eine Mahlzeit. Ein Küchenklassiker mit neuem Pepp.

3 STD, DAVON 30 MIN AKTIV ♦ EINE KINDERMAHLZEIT MIT GNOCCHI 320 KCAL, 20 g E, 5 g F, 5 g KH, 2 g B

ZUTATEN FÜR 3 MAHLZEITEN
FÜR JE 2 KLEINE UND 2 GROSSE ESSER

1 kg Gemüsezwiebeln
4 Knoblauchzehen
1,5 kg Kalbsbraten
z. B. aus der Schulter
3–4 EL Rapsöl
1 EL Mehl
10 Zweige frischer Salbei
(etwa 25 Blätter)
200 ml weißer Traubensaft
400 ml Milch
je 1 EL Olivenöl und Butter
Salz, Pfeffer, Muskat

ALS BEILAGE
FÜR EINE MAHLZEIT

500 g Gnocchi (Kühlregal)

❶ Die Zwiebeln und Knoblauchzehen schälen und in dünne Scheiben schneiden. Das Kalbfleisch mit Salz und Pfeffer einreiben, in 3 EL Öl von allen Seiten 10 Min. knusprig braun rösten, dabei mit 1 EL Mehl bestäuben. Kurz aus dem Bräter nehmen. Darin dann Zwiebeln, Knoblauch und Salbeizweige anbraten, evtl. noch 1 EL Fett dazugeben.

❷ Das Fleisch wieder in den Bräter legen, mit dem Traubensaft etwa 5 Min. einkochen lassen. Milch und 200 ml Wasser dazugießen, bei niedriger Hitze und nur leicht geöffnetem Deckel etwa 2½ Std. weiterschmoren lassen. Falls die Flüssigkeit zu sehr eingekocht ist, etwas Wasser oder Milch nachgießen. Das Fleisch wieder aus dem Bräter nehmen, die Salbeizweige herausfischen, die eingekochten Zwiebeln zu einer Sauce pürieren.

❸ Die Gnocchi in einer heißen Pfanne mit je 1 EL Olivenöl und Butter von allen Seiten knusprig braun anbraten, in eine vorgewärmte Schüssel geben. Das Fleisch in Scheiben schneiden und mit der Sauce servieren.

❹ Servieren Sie dazu noch ein schnelles Gemüse nach Wahl , z. B. Gemüsemischungen aus der Gefriertruhe oder Mais aus der Dose. Für eine zweite oder dritte Mahlzeit ist der Braten auch kalt ein Genuss, beispielsweise mit Brot und Blattsalaten, mit Gemüsereis oder Tomaten-Zucchini-Gemüse.

Leicht durchwachsene Stücke aus der Schulter, auch vom Schwein, werden saftig und sind nicht teuer. Man muss sie beim Fleischer aber meist vorbestellen.

BACKKARTOFFELN UND HUHN AN BOHNEN MIT TOMATENPESTO

⏱ 50 MIN, DAVON 30 AKTIV ♦ 390 KCAL, 24 g E, 18 g F, 29 g KH, 7 g B

Natürlich lässt sich Tomatenpesto auch fertig kaufen – viel besser schmeckt es allerdings selbstgemacht, das ist gar nicht sooo aufwendig. Falls Reste bleiben: Geröstetes Brot mit Pesto ist eine schnelle Vorspeise.

HUHN MIT GEMÜSE

1 kg Kartoffeln, vorwiegend festkochend
5 EL Rapsöl
400 g Hühnerbrust
6 Stiele frischer Thymian (oder 1 TL getrockneter)
500 g grüne Brechbohnen
Salz, Pfeffer

TOMATENPESTO

70 g Mandeln
50 g Parmesan
1 Glas getrocknete Tomaten in Öl, etwa 280 g Einwaage
1 Topf Basilikum
1 EL Rapsöl

❶ Ofen auf 200 °C (Ober-/Unterhitze) vorheizen. Kartoffeln gründlich waschen, vierteln, größere achteln. In einer Schüssel mit 1 TL Salz und 1 bis 2 EL Rapsöl vermengen, auf einem Backblech mit Backpapier verteilen, 30 Min. auf der untersten Schiene backen. Dann wenden und 15 Min. auf der obersten Schiene backen, so werden sie rundum kross.

❷ Inzwischen für das Pesto die Mandeln in einer Pfanne ohne Fett rösten, bis sie zu duften beginnen. Parmesan in grobe Stücke schneiden. Beides im Blitzhacker grob zerkleinern, dann mit den getrockneten Tomaten samt Öl zu einem glatten Mus verarbeiten. Das Basilikum waschen, trockenschleudern, die Blättchen in Streifen schneiden, mit 1 EL Rapsöl 1 bis 2 Min. untermischen (nicht länger, sonst schwindet das Basilikumaroma).

❸ Die Hühnerbrust mit den Thymianstielen in der Mandelpfanne mit 2 EL Rapsöl von beiden Seiten 3 Min. scharf anbraten, leicht salzen und pfeffern und in eine feuerfeste Form geben. Das Fleisch in den Ofen schieben, wenn die Kartoffeln dort von der unteren auf die obere Schiene wechseln. Inzwischen die Bohnen in etwa 150 ml Wasser mit ½ TL Salz 10 bis 12 Min. kochen – für ganz Kleine sollten sie eher weich als bissfest sein. Bohnen abgießen und warm halten.

❹ Vor dem Servieren das Pesto unter die Bohnen rühren, darauf das in Scheiben geschnittene Fleisch anrichten und den Fleischsaft aus dem Ofen darübergeben. Dazu die knusprigen Kartoffeln servieren.

20:15

SCHNELLE KLASSIKER AUS DEM VORRAT

Keine Zeit zum Einkaufen gehabt? Macht nichts! Man braucht kein riesiges Vorratslager, um schnell und gut kochen zu können. Dabei helfen viele sinnvolle Fertigprodukte, vor allem aus der Tiefkühltruhe.

DAS SOLLTEN SIE ZUHAUSE HABEN

IM VORRATSSCHRANK
Couscous, Grieß, Hafer-/Hirseflocken, Kakao, Kuvertüre/Schokolade, Mehl (Type 405, 1050, Buchweizen), Milch, Sahne, Schmand (alles H-Produkte), Pasta/Lasagne (eventuell auch mit Vollkorn/Dinkel), Reis (Rundkorn, Langkorn parboiled), Back- und Puddingpulver, Semmelbrösel, Trockenhefe, Bourbon-Vanillezucker, Zucker weiß und braun, Balsamessig weiß, Öl (Raps-/Oliven-), getrocknete Tomaten, Trockenfrüchte (wie Aprikosen, Cranberries)

GEMÜSE/OBST
Äpfel, Zitronen, Kartoffeln, Kohlrabi, Knollensellerie, Möhren, Zwiebeln, Petersilienwurzel

KONSERVEN/GLÄSER
Apfelmus, Obst (Birnen, Pfirsiche, Kirschen, Mandarinen), Gewürzgurken, Mais, Oliven, Kapern, Kichererbsen, weiße Bohnen, Tomaten (ganz/gestückelt), Würstchen.

IN DER GEFRIERTRUHE
Beeren/Kirschen, Gemüse (Erbsen, Grüne Bohnen, Spinat, Mischungen), Fischfilet und -stäbchen, Hackfleisch, Hühnerbrust

IM KÜHLSCHRANK
Butter, Eier, Frischkäse, Naturjoghurt, Quark , Gouda

ZUM SÜSSEN/WÜRZEN
Agavendicksaft, Honig , Brühe (Instant), getrocknete Kräuter, Salz (mit Jod, Fluor, Folsäure), mittelscharfer Senf

FERTIGPRODUKTE? JA BITTE!

Es muss nicht fürs Kochen im Zeitraffer sein. Viel Vorgefertigtes ist grundsätzlich hilfreich.

TIEFKÜHLKOST Beim Gemüse ist es um Vitamine und andere Nährstoffe oft sogar besser bestellt, als wenn es erst im Laden und dann in der Küche lagert. Ein Segen ist die Gefriertruhe für Fischliebhaber: Jederzeit ist ihr Lieblingsessen verfügbar – und fast noch fangfrisch.

KONSERVEN Hülsenfrüchte (Kichererbsen, weiße Bohnen) sind prima aus der Dose. Sie müssten sonst erst lange garen. Obst und Gemüse büßen beim Hocherhitzen zwar Vitamine ein, nicht aber Ballast- und Mineralstoffe und viele sekundäre Pflanzenstoffe. Dosentomaten bieten sogar mehr Biostoffe als frische, das Erhitzen macht Lykopine für den Körper besser verfügbar.

TROCKENPRODUKTE Unschlagbar schnell ist Kartoffelpüree aus der Tüte, wir nehmen es für Waffeln. Auch Grünkernmischungen sind in Ordnung. Sogar Tütensuppen kann man etwas abgewinnen, wenn dem Nachwuchs die Buchstabennudeln schmecken und dazu das hineingeschnippelte Gemüse. Instantbrühe sollte den Eigengeschmack nicht überlagern.

COOLE KÄLTETIPPS

GEMÜSE gehört ins Gemüsefach oder eng in Folie verpackt in die normale Kühlzone. Das gilt auch für Salat, Rukola, Radieschen und anderes. Etwas müde Blätter oder Knollen sind nach 15 Minuten im kalten Wasser wieder prall und appetitlich.

EMPFINDLICHES wie Fisch und Fleisch schnell nach Hause transportieren. In der kältesten Kühlschrankzone lagern, meist unter oder auf der Glasplatte.

HACKFLEISCH unter Schutzatmosphäre verpackt schafft die Frist von einigen Tagen nur, wenn es nicht wärmer als 2 °C ist. Oft sind es aber bis zu 8 °C. Ein Kühlschrankthermometer schafft Übersicht.

NICHT GLEICH IN DIE TONNE TRETEN

Ein Missverständnis füllt Mülltonnen: Vieles ist auch nach dem Mindesthaltbarkeitsdatum (MHD) noch ganz ok.

Das MHD muss auf jedem verpackten Lebensmittel stehen, ist aber kein Verfallsdatum.

„Mindestens haltbar bis ...“ heißt: Der Inhalt soll mindestens bis dann in Ordnung sein. Anderswo liest man klarer: „best before ...“. Das signalisiert: länger verzehrbar, nur vielleicht nicht mehr im besten Zustand – mal leidet die Farbe, mal der Vitamingehalt, mal der Geschmack.

Was tun? Schauen, schnuppern, schmecken – und wegwerfen, wenn es verdorben erscheint. Das gilt auch nach dem Öffnen der Verpackung. Dann beginnt der ganz normale Verderb, für den kaum eine Packung Fristen nennt. Ketchup zum Beispiel übersteht Monate im Kühlschrank, Apfelmus nur Tage.

„Zu verbrauchen bis ...“ steht auf leicht Verderblichem wie Fisch und Fleisch. Das soll man ernst nehmen. Der Inhalt könnte verdorben und gesundheitsschädlich sein.

FAUSTREGELN

TIEFGEFRORENES ist auch nach dem MHD verzehrbar. Und selbst wenn es auf den Packungen anders steht: Im Kühlschrank Aufgetautes kann man wieder einfrieren.

KONSERVEN, auch Gläser, sind theoretisch fast unbegrenzt haltbar. Schnuppern und schmecken Sie sicherheitshalber. Gewölbte Dosen und Gläser, bei denen der Vakuumverschluss nicht mehr sitzt, gehören wirklich in die Tonne.

TROCKENPRODUKTE wie Mehl, Nudeln, Reis, Zucker halten fast ewig. Die Fettanteile von Vollkornmehl und -reis werden aber ranzig.

KÜHLSCHRANKWARE wie Joghurt oder Käse ist ebenfalls länger genießbar. Ausnahme: Fisch und Fleisch soll man zügig verzehren.

ANGESCHIMMELTES immer wegwerfen, egal ob Brot, Marmelade oder Joghurt.

Hühnerbrühe

Selbst gemacht schmeckt Brühe besser. So geht's: Ein Suppenhuhn in etwa 3,5 l Wasser 1 Stunde ohne Deckel köcheln lassen, dann noch einmal 45 Minuten mit grob zerkleinertem Gemüse (3 Möhren, 1 Lauchstange, 400 g Knollensellerie, 1 Fenchelknolle, 1 Zwiebel, je 2 Knoblauchzehen und Petersilienwurzeln). Brühe durchsieben und salzen. Das ausgekochte Gemüse wegwerfen, vermutlich auch das Huhn. Es hat ein langes Leben als Legehenne hinter sich, zum Verzehr ist es kaum noch geeignet.

LACHS MIT SPINATSAUCE UND TAGLIATELLE

25 MIN ● 420 KCAL, 23 g E, 17 g F, 44 g KH, 3 g B

Spinat ist zwar nicht so eisenhaltig wie einst angenommen, aber gesund ist er – wie alle grünen Gemüse – natürlich trotzdem. Farblich sind Lachs und Spinat sowieso ein Dream-Team, zusammen mit der Pasta schmeckt's auch kleinen Kindern.

300 g Lachsfilet, tiefgefroren
200 g Blattspinat, tiefgefroren (oder 300 g frischer Babyspinat)
3 Schalotten
1 EL Sesamsaat
1 EL Rapsöl
1 EL Butter
1–2 EL Mehl
350 g Tagliatelle (oder andere Nudeln)
1 Knoblauchzehe
200 ml Milch
300–400 ml Gemüsebrühe
1–2 TL Zitronensaft
1–2 Tropfen Sesamöl (optional)
Salz, Pfeffer, Muskat

❶ Den Lachs etwa 20 Min. antauen lassen, den tiefgefrorenen Spinat auftauen, das geht mit etwas Wasser per Mikrowelle oder auf dem Herd. Gut ausdrücken und grob hacken. Alternativ frischen Spinat gründlich waschen und trockenschleudern, am besten zweimal. Etwa 3 l Wasser für die Pasta aufsetzen. Die Schalotten schälen und würfeln. Die Sesamkörner in einer Pfanne ohne Fett goldgelb rösten.

❷ Den Lachs würfeln (Kantenlänge etwa 1,5 cm) und im Mehl wenden. In einer großen Pfanne mit je 1 EL Rapsöl und Butter 3 bis 5 Min. leicht bräunen und dann herausnehmen. Die Tagliatelle mit 1 EL Salz bissfest kochen.

❸ Die Schalottenwürfel mit der geschälten ganzen Knoblauchzehe und dem Spinat in der Lachspfanne 2 bis 3 Min. andünsten. Erst die Milch dazugießen, dann nach und nach die Brühe. Alles einmal aufkochen, mit Salz, je einer Prise Pfeffer und Muskat, Zitronensaft und evtl. Sesamöl abschmecken. Den Lachs 2 bis 3 Min. in der Spinatsauce ziehen lassen, dabei nicht noch einmal aufkochen lassen. Den geröstesten Sesam darüberstreuen und mit den abgetropften Tagliatelle servieren.

Babyspinat ist so klein, dass man ihn mit Stielen im Ganzen gart. Inzwischen bekommt man ihn fast das ganze Jahr über. Tiefgefrorener Lachs lässt sich leicht angetaut besonders gut schneiden.

Wie fast alle tiefgrünen Gemüse, vor allem Blattgemüse, enthält Spinat neben Eisen noch Folsäure, die auch bei Kindern Mangelware ist. Knapp garen ist gut, beim Erhitzen geht viel von dem empfindlichen Vitamin verloren.

Fischstäbchen sind vorgebacken und bestehen zu etwa 30 Prozent aus Panade. Darunter stecken jeweils etwa 20 Gramm Fisch. Zwei Stück reichen als Wochenration für 2- bis 3-Jährige, fünf für 10- bis 12-Jährige. Mehr Fisch pro Woche wäre aber besser.

FISCHSTÄBCHEN MIT MÖHRENSTAMPF UND ERBSEN

35 MIN ● 365 KCAL, 17 g E, 14 g F, 43 g KH, 11 g B

Knusprig und grätenfrei – so schmeckt Fisch schon den Kleinsten. Und nichts spricht gegen Fischstäbchen, denn test-Untersuchungen zeigen: Unter der Panade steckt meist Qualitätsware.

❶ Möhren und Kartoffeln schälen, grob würfeln (Kantenlänge etwa 2 cm) und in Wasser mit etwas Salz garen. Das Kochwasser abgießen, dabei etwa 200 ml auffangen. Möhren und Kartoffeln im Topf zerstampfen, dabei nach und nach 1 EL Öl und die aufgewärmte Milch unterrühren sowie – je nach gewünschter Konsistenz – aufgefangenes Kochwasser. Mit Salz abschmecken und bei geschlossenem Deckel warmhalten.

❷ Die Erbsen in einem kleinen Topf mit wenig Wasser (etwa ein Fingerbreit hoch) einmal kurz aufkochen lassen, die Hitze ausschalten und bei geschlossenem Deckel 3 bis 5 Min. zu Ende garen.

❸ Inzwischen die Fischstäbchen nach Packungsanleitung in heißem Öl braten. Es soll richtig heiß sein, sonst nimmt die Panade viel mehr Fett auf. Auf Küchenpapier legen, um überflüssiges Fett aufzusaugen. Fettärmer sind die Fischstäbchen, wenn sie aus dem Ofen kommen, allerdings werden sie dann nicht so knusprig. Mit den Erbsen und dem Stampf servieren.

600 g Möhren
600 g Kartoffeln, vorwiegend festkochend
2–3 EL Rapsöl
200 ml Milch
500 g Erbsen, tiefgefroren
15 Fischstäbchen (1 große Packung)
Salz, Pfeffer

MEDITERRANE FISCH-GEMÜSE-PFANNE

25 MIN ● 320 KCAL, 20 g E, 6 g F, 44 g KH, 5 g B

Fisch mit Gemüse, eine gesündere Kombination lässt sich nur schwer finden. Pasta dazu finden Kinder klasse. Wenn es dann auch noch schnell geht, sind alle zufrieden.

❶ Für die Pasta 4 l Wasser aufsetzen. Schalotten schälen, Kräuter und Gemüse waschen, Zucchini an den Enden kappen, Paprika und Tomaten entkernen. Alles würfeln, dabei den Tomatensaft auffangen. Kräuter in Streifen schneiden. Die Pasta mit 1 EL Salz bissfest kochen.

❷ Den Fisch evtl. antauen lassen, trockentupfen, in Würfel schneiden, in Mehl wenden und in 1 EL Rapsöl von jeder Seite 1 bis 2 Min. anbraten. Aus der Pfanne auf einen Teller geben. Die Gemüsewürfel – außer den Tomaten – in derselben Pfanne mit 1 EL Öl 3 bis 5 Min. scharf anbraten, mit Salz, Pfeffer und Zucker abschmecken. Erst dann die Tomaten und den Saft dazugeben und 3 bis 5 Min. köcheln lassen.

❸ Die Pasta abgießen, tropfnass mit dem Gemüse in der Pfanne mischen. Den Fisch mit Zitronensaft beträufeln, in der Pfanne untermischen, abschmecken. Alles mit Kräutern bestreut servieren.

2 Schalotten
½ Bund Petersilie
½ Bund Basilikum
100 g Zucchini
2 Paprikaschoten, rot und gelb
250 g Tomaten, davon am besten 50 g Cherrytomaten
300 g Penne
400 g weißes Fischfilet wie Skrei, Zander, Seelachs oder -hecht, auch tiefgefroren
1–2 EL Mehl
2 EL Rapsöl
Zitronensaft
Salz, Pfeffer, Zucker

Sämtliche Kohlsorten sind gehaltvolle Köpfe: Reichlich Vitamin C, viele Ballaststoffe und entzündungshemmende Pflanzenstoffe. Vorteil für Brokkoli: Er ist ganz schnell gar. Das ist jedoch auch sein Nachteil, denn er zerkocht leicht.

30 MIN ♦ 250 KCAL, 21 g E, 9 g F, 18 g KH, 6 g B

BROKKOLISUPPE MIT FISCH

Brokkoli ist super: Gesund wie jeder Kohl, aber schön weich, schön grün, leicht nussig – ideal für Kinder. Besonders gut zur Suppe passt Skrei, der milde Winterkabeljau mit festem Fleisch. Aber natürlich geht auch anderer Fisch.

2 Schalotten (oder kleine Zwiebeln)
500 g Brokkoli (frisch oder tiefgefroren)
500 g Kartoffeln, vorwiegend festkochend
100 ml Milch
150 g Möhren
400 g Skreifilet (oder anderer Weißfisch, frisch oder tiefgefroren)
2 EL Rapsöl
2 EL Butter
2 EL Mehl
Salz, Muskat

❶ Die Schalotten schälen und in grobe Stücke schneiden. Den Brokkoli waschen, nicht zu kleine Röschen abteilen, die Stiele gründlich schälen, würfeln. Die Kartoffeln schälen und würfeln (Kantenlänge etwa 1,5 cm). Zwiebeln, Kartoffeln, Brokkoliröschen und -stiele in je 1 EL Butter und Rapsöl in einem großen Topf etwa 5 Min. anrösten. Es darf ruhig etwas bräunen, das macht den Brokkoli leicht nussig. Mit Milch und 700 ml Wasser etwa 15 Min. bei niedriger Hitze garen. Vorsicht: Bei längerer Garzeit wird das saftige Grün langsam grau.

❷ Die Möhren waschen, in sehr kleine Würfel schneiden. Das Fischfilet trockentupfen und in 8 bis 10 gleichgroße Stücke teilen. In Mehl wenden und in einer großen Pfanne in je 1 EL Butter und Rapsöl auf jeder Seite 3 bis 4 Min. anbraten. Beim Wenden der Fischstücke die Möhrenwürfel dazugeben und mitrösten, dabei alles etwas salzen.

❸ Die Brokkolisuppe mit dem Mixstab pürieren, mit Salz und Muskat abschmecken. Zum Essen auf jeden Teller mit Suppe je 2 bis 3 Fischstückchen und ein paar Möhrenwürfel geben.

GEMÜSECREME MIT KLEINEN WIENERN

45 MIN, DAVON 30 AKTIV ◆ 280 KCAL, 10 g E, 20 g F, 15 g KH, 4 g B

300 g Kartoffeln, vorwiegend festkochend
1 kleiner Kohlrabi, etwa 150 g
150 g Möhren
1 Petersilienwurzel, etwa 100 g
150 g Knollensellerie
2 EL Rapsöl
500 ml Gemüsebrühe (Instant)
150–200 ml Milch
150 g Erbsen, tiefgefroren
1 Bund Kräuter nach Belieben (oder 1 TL getrocknete)
6 Wiener Würstchen
Salz, Muskat

Einmal quer durchs Gemüsebeet und dann ab in den Topf: Diese sanfte, schnelle Suppe steckt voller Vitamine und ist dazu recht kalorienarm – da geht auch noch ein kleiner Nachtisch.

❶ Die Kartoffeln und das Gemüse schälen und in grobe Stücke schneiden. Mit dem Rapsöl in einem großen Topf 3 bis 5 Min. andünsten. Die Gemüsebrühe dazugeben und alles bei geschlossenem Deckel auf niedriger Stufe 20 bis 25 Min. garen. Die Kräuter waschen, trockenschleudern, die Blätter fein hacken.

❷ Wenn das Gemüse gar ist, die Milch und die Erbsen dazugeben, etwa 2 Min. aufkochen. Dann die Suppe im Topf mit dem Mixstab pürieren und mit Muskat und evtl. noch etwas Salz abschmecken. Die Wiener in mundgerechte Stücke schneiden, in die heiße Suppe geben und mit den Kräutern bestreut servieren.

Die meisten Kinder lieben Würstchen. Sie enthalten allerdings bis zu 30 Prozent Fett. Bei test-Untersuchungen schnitten Wiener im Glas besser ab als eingeschweißte. Sie halten sich auch länger im Vorrat.

GNOCCHI MIT BUNTEM GEMÜSE

20 MIN ◆ 230 KCAL, 8 g E, 6 g F, 36 g KH, 5 g B

150 g Möhren
2 Schalotten
500 g Gnocchi (Kühlregal)
1 EL Butter
1 EL Rapsöl
100 g grüne Bohnen, tiefgefroren
50 g magere Speckwürfel
100 g Erbsen, tiefgefroren
100 g Mais
½ Bund Petersilie
2 Stiele frischer Dill (oder ½ TL getrockneter)
Salz, Pfeffer, Muskat

Eine echte Blitzmahlzeit für die ganze Familie mit viel Gemüse und wenig Arbeit. Etwas Schnippeln, kurz anbraten, dazu die fast fertigen Gnocchi geben – und schon ist das Essen fertig.

❶ Möhren und Schalotten in kleine Würfel schneiden. Gnocchi mit 1 EL Rapsöl etwa 5 Min. von allen Seiten knusprig anbraten. Vorher nicht kochen, sonst werden sie matschig.

❷ Die Bohnen, Möhren, Schalotten und Speck zu den Gnocchi in die Pfanne geben, alles gründlich mischen und bei niedriger Hitze in 1 EL Öl etwa 5 Min. andünsten. Mit Salz, Pfeffer und Muskat abschmecken. Erbsen, Mais und Butter dazugeben, alles noch einmal durchmischen und 3 bis 5 Min. garen lassen. Petersilie und Dill waschen, trockenschütteln und leicht hacken, kurz vor dem Servieren unterrühren.

Noch schneller geht's mit Gemüsemischungen aus der Gefriertruhe, am besten ohne Butter und Gewürze. Es können auch andere Sorten als im Rezept sein. Die Zeit fürs Andünsten wird etwas länger.

TIPP FÜR ELTERN:

→ *Noch ein schneller Auflauf für die ganze Familie: Makkaronigratin mit Parmesan und Erbsen. Den Herd auf 180 °C (Ober-/Unterhitze) vorheizen. Eine Béchamel nach dem Rezept auf Seite 142 zubereiten. Gleichzeitig 500 g kurze Makkaroni in 4 l Wasser mit 1 EL Salz bissfest kochen und abgießen. Mit 300 g tiefgefrorenen Erbsen, 75 bis 100 g geriebenem Parmesan und der Béchamel gründlich vermischen. In die Auflaufform geben, mit 100 g geriebenem Bergkäse oder Reibekäse bestreuen. Backen wie den anderen Nudelauflauf.*

PRO PORTION 580 KCAL, 25 g E, 24 g F, 65 g KH, 7 g B

NUDELAUFLAUF MIT TOMATE UND SCHINKEN

So einen knusprigen Auflauf könnt ihr für eure Freunde oder die ganze Familie backen. Ganz schnell geht er, wenn die Tomatensauce schon vorher gemacht wurde. Wer es gerne ohne Tomate und mit richtig viel Käse mag, probiert das Makkaronigratin.

❶ Für die Sauce das Gemüse schälen, in Stücke schneiden und in einem breiten Topf mit Öl etwa 5 Min. anbraten, dann ½ TL Zucker dazugeben. Mit den gestückelten Tomaten etwa 1 Std. bei schräg aufgelegtem Topfdeckel köcheln lassen. Zwischendurch immer wieder umrühren – Vorsicht, der Deckel ist heiß! Die Sauce wird ziemlich dick, mit der Milch macht ihr sie flüssiger. Für den richtigen Geschmack sorgt ihr mit Salz und Pfeffer.

❷ Heizt den Ofen auf 180 °C (Ober-/Unterhitze) vor und stellt für die Nudeln einen Topf mit 4 bis 5 l Wasser auf den Herd. Inzwischen die Zucchini waschen und die Enden abschneiden. Dann die Zucchini in etwa ½ cm dicke Scheiben schnippeln. Den Schinken in Stücke schneiden. Die Nudeln mit 1 EL Salz kochen – wie lange sie brauchen, steht auf der Packung – und danach in einem großen Sieb abgießen.

❸ Jetzt füllt ihr ein Drittel der Tomatensauce in eine große Auflaufform (etwa 25 cm x 35 cm) und verteilt darauf die Hälfte der Nudeln. Darauf kommen die gewaschenen, ganzen Mini-Tomaten und noch eine Schicht Sauce. Darauf verteilt ihr Zucchini, Schinken, die restlichen Nudeln und wieder Sauce. Zum Schluss mit einem Teelöffel Schmandkleckse daraufsetzen und Mozzarellascheiben dazwischenlegen.

❹ Parmesan darüberstreuen. Im heißen Ofen 25 bis 30 Min. erst auf der untersten Schiene backen, dann noch 5 bis 10 Min. weiter oben, so wird's knuspriger. Wer mag, kann auf den fertig gebackenen Auflauf in Streifen geschnittene Kräuter (Basilikum, Petersilie) streuen.

TOMATENSAUCE

1 mittelgroße Zwiebel
150 g Möhren
300 g Knollensellerie
2 EL Raps- oder Olivenöl
800 g gestückelte Tomaten (Dose, Tetrapak)
150–250 ml Milch
Salz, Pfeffer, Zucker

ZUTATEN FÜR 6–8 PORTIONEN

AUFLAUF

600 g Fusilli (oder andere kurze Nudeln)
4 Zucchini, etwa 600 g
250 g Kochschinken
20 Mini-Tomaten, etwa 150 g
200 g Schmand
2 Kugeln Mozzarella, etwa 250 g Abtropfgewicht
75 g geriebenen Parmesan
Salz

PIKANTER OFENSCHLUPFER

150 g Brot oder Brötchen, am besten vom Vortag
1 EL Rapsöl
1 Paprikaschote, am besten rot
100 g Salami (oder Kochschinken)
80 g Mais
4 Eier
250–300 ml Milch
50 g Sahne
½ Bund Petersilie
100 g Bergkäse (oder anderer Reibekäse)
Salz, Pfeffer

Resteverwertung auf die familiäre Art: In diesem schnellen, praktischen Auflauf stecken die Brötchen von gestern. Es kann auch dunkles Brot sein. Dazu kommen Gemüse, Wurst oder Schinken, Käse und Ei.

❶ Den Ofen auf 180 °C (Ober-/Unterhitze) vorheizen. Brot oder Brötchen in mundgerechte Stücke schneiden. Eine Auflaufform mit dem Öl ausfetten, das Brot darin verteilen. Paprikaschote waschen, vierteln, entkernen, erst in dünne Streifen schneiden, dann in kleine Würfel. Die Salami fein würfeln. Beides über den Brotwürfeln verteilen, ebenso den abgetropften Mais.

❷ In einer weiteren Schüssel die Eier mit Milch und Sahne gründlich verquirlen, salzen und pfeffern. Die Petersilie waschen und trockenschütteln, die Blätter hacken und unterrühren. Alles über die Brot-Gemüse-Würfel gießen. Am besten noch 30 bis 60 Min. durchziehen lassen. Den Käse darüberreiben, 25 bis 30 Min. backen.

Bei diesem Rezept können Sie nach Herzenslust variieren: Ob Tomaten und Frühlingszwiebeln mit Schinken und Schafskäse, gemischtes Gemüse aus der Gefriertruhe, Zwiebeln, Champignons und und und …

⏱ 50 MIN, DAVON 20 AKTIV ◆ 290 KCAL, 15 g E, 17 g F, 18 g KH, 1 g B

FRUCHTIGES PAIN PERDU

700 g Brotreste, egal ob Weizen-, Grau-, Schwarz oder Körnerbrot
500 g Obst, z. B. je ein 1 Apfel, Birne, Pfirsich
1 EL Rapsöl
100 g Butter
2 Tütchen Bourbon-Vanillezucker
100 g Zucker
300 ml Milch
3 Eier
1 TL geriebene Zitronenschale (optional)

Franzosen lieben das Pain perdu („verlorenes Brot"). Es geht aber gar nicht verloren, sondern lässt sich als süße Mahlzeit genießen, schmeckt als Dessert, zum Frühstück oder sogar zum Picknick. Dazu passt Eis oder Vanillesauce.

Am nächsten Tag lässt sich das Pain perdu kalt genießen oder in Scheiben in der Pfanne angebraten. Dazu schmecken Beeren oder Kirschen, auch aus dem Glas.

❶ Den Backofen auf 180 °C (Ober-/Unterhitze) vorheizen. Das Brot in mundgerechte Stücke teilen, das Obst in 2 bis 3 cm große Würfel schneiden. Eine Auflaufform mit Öl ausfetten, Brot und Obst gemischt einfüllen. Die Butter schmelzen, Zucker und Vanillezucker dazugeben, dann die Milch, eine Prise Salz und evtl. 1 TL geriebene Zitrusschale.

❷ Die Vanillemilch mit den Eiern verquirlen, über die Brot-Obst-Mischung in der Form füllen, etwa 45 Min. backen. Zur Probe mit einem Zahnstocher hineinstechen. Wenn er beim Rausziehen sauber ist, ist das Pain perdu fertig.

⏱ 70 MIN, DAVON 25 AKTIV ◆ 230 KCAL, 7 g E, 10 g F, 68 g KH, 2 g B

PIKANTE KARTOFFELWAFFELN

FÜR 10 GROSSE WAFFELN

100 g weiche Butter
2 Eier Größe M, zimmerwarm
1 rohe Kartoffel, etwa 100 g
75 g magere Speckwürfel
50 g Stärke
200 g Mehl
80 g Kartoffelflocken (Püreepulver)
1 TL Backpulver
150–200 ml Milch
Salz
20 g Butter für das Waffeleisen

Dieses schnelle Abendessen können auch Kinder schon zubereiten: Den Waffelteig einfach mit Püreepulver und geriebener Kartoffel anrühren. Dazu schmeckt ein frischer Salat.

❶ Die Butter mit den Eiern schaumig rühren. Die Kartoffel schälen, fein reiben und untermischen. Die Speckwürfel mit der Stärke vermengen, Mehl, Kartoffelflocken, je 1 TL Backpulver und Salz unterrühren.

❷ Die Speck-Mischung unter den Eier-Butter-Mix mischen, Milch je nach gewünschter Konsistenz unterrühren: Der Teig sollte nicht zu fest sein, aber auch nicht wegfließen. Das Waffeleisen erhitzen, mit Butter auspinseln, je 2 bis 3 EL Teig hineingeben und nacheinander 8 bis 10 große Waffeln backen.

15 MIN (OHNE BACKEN) ◆ PRO GROSSE WAFFEL 210 KCAL, 6 g E, 11 g F, 22 g KH, 1 g B

Falls Butter und Eier frisch aus dem Kühlschrank kommen: Eier 10 Minuten in lauwarmes Wasser legen, Butter in kleine Stücke schneiden und etwas warten.

MÜSLIWAFFELN MIT HONIGQUARK

⊙ 15 MIN (OHNE BACKEN) ◆ PRO GROSSE WAFFEL 210 KCAL, 7 g E, 11 g F, 20 g KH, 1 g B

Buttermilch macht diesen Teig schön luftig. Statt Müsli lassen sich Haferflocken, geriebene Nüsse oder Mandelblättchen verwenden – oder geraspelte Möhren, dann aber mit wenig gesüßtem Quark und Zimt.

❶ Den Quark mit Milch, Apfelsaft und 2 EL Honig glattrühren.

❷ Butter und Zucker in einer Schüssel mit einer Prise Salz schaumig rühren, die Eier einzeln nacheinander untermischen. Das Mehl mit dem Backpulver und dem Müsli vermengen, mit der Milch und der Buttermilch unter die Zucker-Butter-Eier-Masse rühren.

❸ Das Waffeleisen aufheizen, mit Öl (oder Butter) auspinseln und pro Waffel etwa 3 EL Teig in die Mitte geben. Nacheinander goldbraun backen. Je nach Bedarf bei 100 °C (Ober-/Unterhitze) im Ofen warmhalten.

❹ Die Waffeln mit dem Quark servieren, jeweils etwas Honig darübergeben. Warten Sie etwas, die Geduld lohnt: Wenn die Waffeln noch zu heiß sind, zerläuft der Quark!

FÜR 10 GROSSE WAFFELN

HONIGQUARK

- 250 g Speisequark, 20 % Fett i. Tr.
- 80 ml Milch
- 1–2 EL Apfelsaft
- 2 EL Honig

WAFFELN

- 100 g weiche Butter
- 75 g Zucker, am besten Rohrzucker (brauner Zucker)
- 3 Eier, Größe M, zimmerwarm
- 120 g Mehl
- 1 TL Backpulver
- 100 g Müsli nach Wahl (ohne Crunchteile, nicht gezuckert)
- 100 ml Milch
- 2 EL Buttermilch (oder Joghurt)
- 1 EL Rapsöl
- Salz
- 2 EL Honig

KLASSISCHE LASAGNE

⏱ 90 MIN, DAVON 45 AKTIV ◆ 310 KCAL, 13 g E, 11 g F, 39 g KH, 3 g B

Bei Lasagne gerät nicht nur Kater Garfield ins Schwärmen. Der kulinarische Genuss in Schichten lässt sich auch ohne Fleisch zubereiten: Gemüsefreunde ersetzen es durch Zucchini, Champignons und Mais. Schneller geht's mit Bolognese, die auf Vorrat eingefroren wurde.

FÜR 4 GROSSE UND 4 KLEINE ESSER

BOLOGNESE
- 500 g gemischtes Hackfleisch, frisch oder tiefgefroren
- 100 g Knollensellerie
- 1 Möhre, etwa 100 g
- 1 mittelgroße Zwiebel
- 1 EL Rapsöl
- 75 g magere Speckwürfel
- 2 Dosen gestückelte Tomaten, je etwa 400 ml
- 1 Lorbeerblatt, vorzugsweise frisch

BÉCHAMEL
- 45 g Butter oder Rapsöl
- 40 g Mehl
- 150 ml Brühe (Instant)
- 450 ml Milch

- 500 g Lasagneplatten
- 400 g passierte Tomaten
- 200 g geriebener Gouda
- Salz, Pfeffer, Zucker, Muskat

❶ Das Hackfleisch ggf. über Nacht im Kühlschrank auftauen lassen. Das Gemüse schälen und möglichst klein würfeln. Mit 1 EL Öl in einem breiten Topf 3 bis 5 Min. scharf anbraten, mit Salz, Pfeffer und einer Prise Zucker würzen. Das Fleisch mit dem Lorbeerblatt 5 bis 7 Min. krümelig braten, Speckwürfel und 250 ml Wasser dazugeben, kurz aufkochen. Die gestückelten Tomaten ebenfalls dazugeben und alles noch etwa 1 Std. ohne Deckel köcheln lassen. Dabei immer mal wieder umrühren und evtl. Wasser nachgießen.

❷ Inzwischen die Butter in einem Topf schmelzen, das Mehl darin unter Rühren kurz anrösten, bis sich ein heller Belag am Topfboden bildet. Mit einem Schneebesen erst die angewärmte Brühe, dann die warme Milch gründlich und glatt einrühren. Bei niedriger Hitze 5 bis 10 Min. köcheln lassen, dabei regelmäßig umrühren, damit nichts anbrennt. Mit Salz, Pfeffer und einer Prise geriebenem Muskat abschmecken. Falls sich Klümpchen gebildet haben sollten, die Sauce zwischendurch mit dem Mixstab pürieren.

❸ Den Ofen auf 180 bis 200 °C (Ober-/Unterhitze) vorheizen. Um die Mengen beim Schichten besser im Blick zu haben, die passierten Tomaten in zwei Portionen teilen, die Béchamel- und die Bolognesesauce jeweils in drei Portionen. In einer Auflaufform (etwa 20 cm x 30 cm) in folgender Reihenfolge schichten: Béchamel als Grundlage – Pasta – Bolognese – Pasta – passierte Tomaten – Pasta – Bolognese plus Béchamel – Pasta – passierte Tomaten plus Bolognese – Pasta – Béchamel. Den Käse darüberreiben und abgedeckt 35 bis 45 Min. backen. Nach Wunsch die Lasagne zum Bräunen für die letzten Minuten auf die obere Schiene im Ofen schieben.

TOMATENSAUCE FÜR ALLE FÄLLE

ZUTATEN FÜR 1200 ML
1 mittelgroße Zwiebel
150 g Möhren
300 g Knollensellerie
2 EL Raps- oder Olivenöl
800 g gestückelte Tomaten (Dose)
150 – 250 ml Milch
½ Topf Basilikum
Salz, Pfeffer, Zucker

Eine klassische Tomatensauce sollte einige Zeit vor sich hin köcheln, um mit dem Schmorgemüse maximales Aroma zu entwickeln. Am besten auf Vorrat kochen und in flachen Beuteln einfrieren.

Diese Sauce kochen Sie am besten auf Vorrat und frieren sie ein. Als echtes Allround-Talent passt sie zu jeder Pasta und zu vielem mehr. Sie lässt sich auch gut zu einer aromatischen Suppe verlängern.

❶ Zwiebel, Möhren und Sellerie schälen und grob kleinschneiden. Das Öl in einem breiten Topf erhitzen und das geschnittene Gemüse darin etwa 5 Min. anschwitzen, ½ TL Zucker zufügen und leicht glasieren.

❷ Die gestückelten Tomaten dazugeben und 60 bis 90 Min. bei schräg aufgelegtem Deckel leicht köcheln lassen. Dabei immer mal wieder umrühren. Die Sauce soll erst einmal dickflüssig werden. Zum Schluss die Milch hinzugeben, sie mildert die Säure der Sauce. Mit Salz und Pfeffer abschmecken. Das Basilikum waschen, vorsichtig trockenschleudern und in feine Streifen geschnitten kurz vor dem Servieren über die Sauce streuen.

⊙ 90 MIN, DAVON 15 AKTIV ◆ JE 200 ML 120 KCAL, 4 g E, 7 g F, 10 g KH, 5 g B

BÉCHAMEL UND ANDERE SAUCEN

ZUTATEN FÜR 400 ML
300 ml Milch
30 g Butter oder Rapsöl
25 g Mehl

Die klassische weiße Sauce ist gar nicht schwierig. Mit diesem Rezept können Sie Gemüse binden, Kleine lieben das. Für mehr Abwechslung gibt's ganz einfache Alternativen.

In einem Topf das Mehl in geschmolzener Butter kurz unter Rühren anrösten, bis sich ein heller Belag am Boden bildet. Erst 100 ml warmes Wasser, dann die warme Milch mit einem Schneebesen schnell glatt einrühren (evtl. mit einem Pürierstab Klümpchen beseitigen). 5 bis 10 Min. köcheln lassen, dabei immer wieder rühren, damit nichts anbrennt.

Mehlbutter: Mit einer Gabel je 100 g weiche Butter und Mehl gründlich mischen. Sie hält sich in Folie gewickelt im Kühlschrank bis zu 4 Wochen. Bei Bedarf in die heiße, nicht kochende Flüssigkeit krümeln, gut verrühren und leise köcheln lassen.
Flocken: Die eisenreichen Hirseflocken – oder auch feine Haferflocken – langsam in heiße Brühe einrühren. Das dickt schnell an, quillt aber noch nach. Rechnen Sie etwa 1 EL Flocken pro 100 ml Brühe. Auch Semmelbrösel binden mit der Zeit.
Frischkäse: Esslöffelweise zu Gemüse- oder Bratensaft geben. Das klappt meist auch mit teil-kalorienreduziertem Frischkäse, wenn er statt Fett Bindemittel wie Johannisbrotkernmehl enthält.

⊙ 15 MIN ◆ JE 200 g 190 KCAL, 7 g E, 15 g F, 17 g KH

GRÜNE SAUCE

15 MIN ◆ JE 200 g 280 KCAL, 9 g E, 24 g F, 7 g KH, 1 g B

Die echte Frankfurter Grüne Sauce passt zu vielen Gerichten. Sieben Kräuter gehören eigentlich hinein, von Petersilie über Borretsch bis zu Sauerampfer und Pimpinelle. Schön, wenn Sie die auf dem Markt finden. Einfacher schmeckt's aber auch.

❶ Kräuter waschen und vorsichtig trockenschleudern, die Blätter abzupfen. Schnittlauch grob zerschneiden. Einige Kräuter zum Bestreuen beiseite legen, z. B. etwas Kresse und Kerbel. Die restlichen Kräuter mit dem Mixstab mit dem Sauerrahm und Schmand fein pürieren. Wer es ganz fein mag, streicht die Sauce anschließend noch durch ein Sieb.

❷ Die Sauce mit dem Zitronensaft, Salz, Pfeffer und einer Prise Zucker abschmecken. Die gekochten Eier schälen, je nach Wunsch grob oder fein hacken und unterheben. Die Sauce mindestens 1 Std. im Kühlschrank ziehen lassen. Vor dem Servieren mit den restlichen gehackten Kräutern bestreuen.

Die Sauce passt zu Pellkartoffeln, gekochtem Fleisch (wie Tafelspitz, Ochsenbrust), kaltem Braten (Sonntagsbraten, Seite 118), zu gedünstetem oder gebratenem Fisch und gekochten Eiern.

ZUTATEN FÜR 800 ML

1 Bund glatte Petersilie
1 Bund Schnittlauch
½ Topf Basilikum
½ Bund Dill
nach Wunsch weitere Kräuter, z. B. 1 Bund Kerbel, 1 Kästchen Kresse
300 g Sauerrahm
200 g Schmand
1 EL Zitronensaft
3 gekochte Eier
Salz, Pfeffer, Zucker

BÉCHAMEL-VARIATIONEN

Mit einer Béchamelsauce als Basis lässt sich in der Küche viel machen: Kombiniert mit Kräutern und Gewürzen erhält man einfach und schnell abwechslungsreiche Saucenvariationen. Grundlage für die folgenden Vorschläge ist jeweils das Grundrezept für Béchamelsauce (siehe linke Seite).

Variante 1 Die getrockneten Tomaten sehr fein würfeln, mit 2 TL Currypulver zur Béchamelsauce geben. Fisch oder Hühnerfleisch würfeln, untermischen und zu Ende garen, zu Reis oder Nudeln servieren.

3 weiche getrocknete Tomaten
2 TL Currypulver

Variante 2 Die Kräuter hacken (z. B. Petersilie, Thymian, Kerbel, Selleriegrün, Dill, Schnittlauch), 3 EL unter die Béchamel mischen. Mit Salz, Pfeffer und evtl. Zitrone abschmecken, restliche Kräuter darüber geben. Passt hervorragend zu gebratenem Fisch oder Braten.

1 Bund Kräuter nach Wahl
1–2 EL Zitronensaft

Variante 3 Den mittelscharfen Senf und 50 g fein geriebenen Parmesan unter die Béchamel rühren. Und so wird ein Auflauf daraus: 500 g gekochte Nudeln oder Kartoffeln und je nach Wunsch Erbsen oder Mais in eine gefettete Form füllen, eine der Saucen darübergeben und 30 bis 40 Min. bei 180 °C (Ober-/Unterhitze) im Ofen backen.

1 TL mittelscharfer Senf
50 g Parmesan (oder Pecorino)
Erbsen oder Mais (optional)

GENUSS IM GRÜNEN

Einfach mal draußen essen macht Spaß. Gutes Wetter, ein hübscher Platz im Grünen, ein paar Spieße, Salate, Süßigkeiten – das ist die Grundausstattung für ein gelungenes Picknick. Ein Spielplatz muss nicht sein, zum Spielen und Toben reicht eine grüne Fläche. Bälle oder Spielzeug gehören ins Gepäck. Wichtig ist Schatten, damit es keinen Sonnenbrand gibt.

SCHMECKT UND IST PRAKTISCH

Immer gut für ein Picknick ist Fastfood der natürlichen Art: Eier, Gurke, Tomate, Apfel, Banane, Mandarine – alles was in die Hand passt. Die natürliche Verpackung ist praktisch und umweltfreundlich zu entsorgen, darunter stecken Biostoffe satt. Da kommt kein Fertigprodukt mit. Was man von zu Hause mitbringt, gehört in Folie oder die Frischhaltebox. Tramezzini, Schinken-Käse-Röllchen oder Waffeln einzeln einwickeln. Spieße bleiben in einer Kunststoffdose auf feuchtem Küchenpapier gelagert frisch.

KÜHLEN – UND NICHT AUFHEBEN

Kein Picknick ohne Kühltasche, möglichst mit Kühlaggregat aus der Gefriertruhe. Auch belegte Brötchen gehören in die Kühltasche. Gerade bei sommerlich-warmen Temperaturen können sich Mikroben und Bakterien explosionsartig vermehren. Das gilt besonders für Salmonellen. Daher nichts mit rohem Eigelb verwenden, Fleisch immer gut durchbraten. Aber auch auf Obst und Gemüse können sich Bakterien vermehren, so dass ihre Zahl bedenklich wird. Am besten alles, was es zu essen gibt, nicht stundenlang im Freien lagern. Reste sollte man hinterher sicherheitshalber entsorgen. Sie wissen einfach nicht, welche Bakterien sich Kinder beim Spielen unbemerkt einfangen, die dann eventuell im Kartoffelsalat landen und dort aufblühen.

DRAUSSEN TOBEN TUT GUT

Nichts ist für Kinder besser, als draußen an frischer Luft zu spielen und zu toben. Ihr natürlicher Bewegungsdrang hat ja seinen Sinn: Er stärkt die Muskeln, fördert den Einbau von Kalzium in die Knochen, macht sie stabiler. Besonders zusammen mit viel Vitamin D. Das ist aber bei etwa 60 % aller Kinder und Erwachsenen Mangelware. Vitamin D bekommt man beispielsweise über Eier, Milch, fetten Fisch. Wichtiger sind die UVB-Strahlen des Tageslichts: Unter ihrem Einfluss bildet der Körper über die Haut Vitamin D, immerhin bis zu 80 % des Bedarfs. Da der Körper das fettlösliche Vitamin auch speichert, kann man es für die sonnenarmen Zeiten von Oktober bis Ostern auf Vorrat tanken. Faustregel: Täglich mindestens 15 Minuten ans Tageslicht, besser 30 – und das, ohne Gesicht, Arme und Hände zu bedecken.

FRIKADELLEN

❶ *Eine mittelgroße Zwiebel* schälen, würfeln, mit *2 Eiern, 1 EL Senf* und *2 Prisen Salz* gut vermengen, *400 g gemischtes Hackfleisch* dazugeben. Alles zu einer glatten Masse vermischen, *1 bis 2 EL Semmelbrösel* unterkneten.

❷ Mit feuchten Fingern 12 bis 16 kleine Bällchen formen, in *1 bis 2 EL Rapsöl* auf jeder Seite 2 bis 4 Min. schön knusprig anbraten.

NICHT VERGESSEN

- Decke fürs Picknick
- Teller und Becher (Plastik oder Papier)
- Plastikbesteck
- Taschenmesser
- Küchenrolle
- Pfeffer, Salz, Ketchup, Senf
- Pflaster
- Mücken- und Sonnenschutz
- Mülltüte
- Spielzeug, Bälle, Schläger

CREMEN GEGEN DIE SONNE

Egal, wo Sie mit Kindern unterwegs sind: Noch wichtiger als Vitamin D ist, sich keinen Sonnenbrand zu holen. Schon leicht gerötete Haut kann zu späterem Hautkrebs beitragen. Das gilt vor allem für kleine Kinder. Ihre Haut ist noch sehr dünn und extrem empfindlich, sie wird schnell geschädigt. Kinder brauchen eine Sonnencreme mit hohem Schutz (Lichtschutzfaktor 30 bis 50). Trotzdem sollten sie in der Sonne noch Hemd und Hütchen tragen. Denn die Creme blockt nur etwa 95 % der aggressiven Strahlen ab. Bei mittlerem Schutz sind es etwa 90 bis 93 %. „Sun-Blocker" heißt keine Creme mehr: Vollständigen Schutz gibt es nun mal nicht. Es werden allenfalls – bei sehr hohem Schutz – 98 % der Strahlen herausgefiltert.
Das Dilemma: Sonnencreme blockt auch einen Großteil der Vitamin-D-Produktion. Die Lösung: Im Schatten bleiben. Auch dort läuft die Vitamin-D-Produktion, ohne dass die Haut zu schnell geschädigt wird.

Weitere Rezeptvorschläge auf Seite 198.

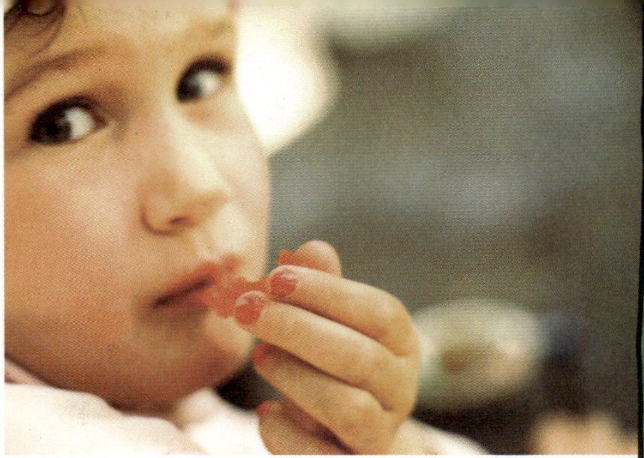

ROASTBEEF-TRAMEZZINI

❶ *4 Scheiben Sandwichtoast* mit je *1 EL Remoulade* bestreichen. *4 Blätter Romanasalat* in groben Stücke auf 2 Brotscheiben verteilen, darauf *je 4 dünne Gurken- und Tomatenscheiben* und *je 2 Scheiben Roastbeef oder gekochten Schinken.* Die Stiele von *½ Kästchen Kresse* daraufstreuen.

❷ Auf die beiden belegten Toastscheiben die beiden anderen legen, leicht andrücken. Die Scheiben zu je zwei Dreiecken halbieren, sofort genießen oder kühl stellen. Remoulade dazu kaufen oder selber machen (Seite 103).

MAKKARONISALAT – GANZ KLASSISCH

ZUTATEN FÜR 8 PORTIONEN

300 g kleine Makkaroni
150 g Erbsen, tiefgefroren
150 g Wiener Würstchen (oder Putenbrust)
150 g Gouda, mittelalt
150 g Mais
100 g Naturjoghurt
1 kleines Glas Gewürzgurken
150 g Salatmayonnaise
Salz, Pfeffer
Senf, Currypulver (optional)

Dieser Klassiker schmeckt immer allen. Kleine, etwas pikante Käsewürfel geben ihm den Kick. Nehmen Sie nicht jungen Gouda, er wird in diesem Salat einfach zu weich.

❶ Die Nudeln in 4 l Wasser mit 1 EL Salz bissfest kochen, 2 Min. vor Ende der Kochzeit die Erbsen dazugeben und mitkochen. Beides abgießen und unter fließend kaltem Wasser komplett abkühlen.

❷ Die Würstchen in dünne Scheiben schneiden, den Gouda in kleine Würfel. In einer großen Schüssel mit dem abgetropften Mais, Erbsen und Nudeln mischen. Die Salatmayonnaise mit Joghurt und 6 EL Gurkenwasser verrühren, mit Salz und Pfeffer und nach Wunsch noch mit etwas Senf und Curry abschmecken.

❸ Der Salat muss nicht mehr durchziehen und kann direkt serviert werden, am besten mit den Gewürzgurken. Kindern schmecken dazu auch Mandarinen aus der Dose.

⏲ 25 MIN ◆ 285 KCAL, 13 g E, 12 g F, 32 g KH, 3 g B

PASTASALAT IN ROT

⊕ 30 MIN ◆ 310 KCAL, 10 g E, 12 g F, 41 g KH, 4 g B

Pesto und Tomaten lassen den Salat intensiv rot leuchten. Mit den grünen Rukolablättchen wird er auch optisch ein Genuss. Das Pesto lässt sich ganz einfach selber machen.

❶ Für das Pesto die Mandeln in einer Pfanne ohne Fett rösten, bis sie duften. Mit den getrockneten Tomaten samt Öl, Parmesan, gewaschenen Basilikumblättchen und dem Rapsöl mit dem Mixstab zu einem Pesto pürieren.

❷ Die Nudeln in 4 l Wasser mit 1 EL Salz bissfest kochen, unter fließend kaltem Wasser komplett abkühlen. Die Tomaten waschen und vierteln. Den Romanasalat in dünne Streifen schneiden, vom Rukola die langen Stiele entfernen. Beide Salate waschen und trockenschleudern

❸ Pesto nach gewünschter Geschmacksintensität unter die Nudeln rühren. Dann Tomaten und Salat unterheben, mit Zitronensaft und Salz abschmecken. Nach Wunsch abgetropften Mozzarella in mundgerechten Stücke unterheben.

ZUTATEN FÜR 8 PORTIONEN

PESTO

- 100 g ganze Mandeln, möglichst ungeschält
- 200 g getrocknete Tomaten in Öl
- 1 großer Bund Basilikum
- 100 g Parmesan (oder Pecorino)
- 2–3 EL Rapsöl

SALAT

- 400 g kurze Nudeln, z. B. Spirelli
- 15 Mini-Romatomaten
- 1 Salatherz
- 70 g Rukola
- 1 TL Zitronensaft
- 125 g Mozzarella (optional)
- Salz, Pfeffer

KARTOFFELSALAT KLASSISCH

FÜR 6–8 PORTIONEN

600 g Pellkartoffeln, möglichst vom Vortag
3 Eier
1 rote Paprikaschote, etwa 150 g
10 kleine Strauchtomaten, möglichst Roma-Tomaten
2 Frühlingszwiebeln
100 g Remoulade mit Kräutern
300 g Salatcreme
100 ml Gewürzgurkenwasser
100 g kleine Gewürzgurken
150 g Wiener Würstchen
Salz, Pfeffer, Paprika edelsüß
100 g Joghurt (optional)

Dieser traditionelle Kartoffelsalat passt besonders zu Würstchen. Hier werden sie gleich hineingeschnitten und mit buntem Gemüse ergänzt.

❶ Die Kartoffeln ggf. gar kochen. Auskühlen lassen, sonst zerfallen sie leicht. Die Eier hart kochen und ebenfalls auskühlen lassen. Das Gemüse waschen, Paprika entkernen, vierteln, in kleine Würfel schneiden. Die Tomaten vierteln, die Frühlingszwiebeln in hauchfeine Ringe schneiden.

❷ In einer großen Schüssel die Remoulade und Salatcreme mit dem Gurkenwasser glattrühren, mit Salz, Pfeffer und zwei Prisen Paprikapulver kräftig abschmecken. Gewürzgurken und Würstchen in dünnen Scheiben unterrühren, ebenso Paprika und Frühlingszwiebeln.

❸ Die Kartoffeln schälen und in dünnen Scheiben dazugeben, dabei immer wieder umrühren. Die Eier pellen, klein schneiden und zum Schluss mit den Tomaten vorsichtig unter den Salat heben. Mindestens 30 Min. ziehen lassen, evtl. 100 g Joghurt dazugeben, noch einmal abschmecken.

◷ 30 MIN (OHNE KOCHEN) ◆ 300 KCAL, 8 g E, 20 g F, 20 g KH, 3 g B

KARTOFFELSALAT MIT ESSIG UND ÖL

FÜR 6–8 PORTIONEN

800 g Kartoffeln, vorwiegend festkochend, etwa gleichgroß
2–3 EL Butter
500 ml kräftige Gemüsebrühe (Instant)
3–4 EL heller Balsamessig (oder milder Weißweinessig)
1–2 TL mittelscharfer Senf
1 TL süßer Senf
2 EL Rapsöl
3 Frühlingszwiebeln
1 Salatgurke
Salz, Pfeffer

Diese leichtere süddeutsche Variante wird mit Butter angereichert. Sie macht das Dressing sämig und aromatischer.

❶ Die Kartoffeln mit Schale 25 Min. weich kochen, den Garzustand mit einem spitzen Messer prüfen. Die Butter in Flöckchen in eine Salatschüssel geben. Die Brühe erhitzen, mit beiden Senfsorten, Essig und Öl mischen, mit Salz und Pfeffer kräftig abschmecken. Die Kartoffeln abgießen und noch heiß pellen, dazu am besten auf eine spezielle Schälgabel aufspießen.

❷ Die Kartoffeln in dünnen Scheiben in die Schüssel zur Butter geben. Das Dressing über die noch heißen Kartoffelscheiben gießen. Die Frühlingszwiebeln waschen, oben und unten kappen, in hauchfeine Ringe schneiden und unter den Salat heben. Mindestens 30 Min. ziehen lassen. Inzwischen die Gurke schälen, ebenfalls in sehr dünne Scheiben schneiden, gut abtropfen lassen und erst kurz vor dem Servieren unter den Salat heben.

◷ 55 MIN, DAVON 25 AKTIV ◆ 175 KCAL, 3 g E, 10 g F, 19 g KH, 3 g B

DIE SCHNELLSTEN BRATKARTOFFELN DER WELT

Dass sich Bratkartoffeln auch mit rohen Knollen machen lassen, zeigt dieses Rezept. Ganz schnell fertig und mit Salat eine gelungene Abendmahlzeit.

1 kg Kartoffeln, vorwiegend festkochend
1 Zwiebel
75 g magere Speckwürfel
½ Bund glatte Petersilie
1–2 EL Rapsöl
Salz, Pfeffer

❶ Die Kartoffeln und die Zwiebel schälen und würfeln (Kantenlänge etwa 1,5 cm). In einer großen beschichteten Pfanne 1 bis 2 EL Rapsöl erhitzen, die Kartoffeln 3 bis 5 Min. scharf anbraten, kräftig salzen und pfeffern. Den Herd auf mittlere Hitze reduzieren. Die Zwiebel dazugeben, 10 bis 15 Min. knusprig goldbraun braten, dabei immer wieder wenden. Die Speckwürfel kurz vor Schluss unterrühren, etwa 3 Min. mitbraten. Mit der gehackten Petersilie bestreut servieren.

❷ Falls die Pfanne nicht groß genug ist, lassen sich die Kartoffeln auch in 2 Portionen nacheinander anbraten. Wenn die Zwiebeln dazukommen, auch die erste angebratene Portion der Kartoffeln wieder in die Pfanne geben.

30 MIN ♦ 160 KCAL, 5 g E, 7 g F, 20 g KH, 3 g B

55 MIN, DAVON 25 AKTIV ♦ 240 KCAL, 21 g E, 9 g F, 17 g KH, 6 g B

MÖHREN-ORANGENSUPPE MIT SCAMPI

Diese Suppe in leuchtendem Orange steckt voller Vitamine. Dazu gibt's reichlich gesundes Eiweiß – eine runde, sättigende Mahlzeit für den kleinen Hunger, die auch ohne Scampi schmeckt.

1 Stange Lauch
800 g Möhren
200 g Kartoffeln, vorwiegend festkochend
1 EL Butter
2 EL Rapsöl
200 ml Orangensaft
500 ml Gemüsebrühe (Instant)
100–120 ml Milch
8 rohe Scampi (oder 400 g fester weißer Fisch)
1 Knoblauchzehe, gewürfelt
Salz, Pfeffer
2 Orangen

❶ Den Lauch von harten grünen Blättern und Wurzelansatz befreien, gründlich waschen, in Ringe schneiden. Möhren und Kartoffeln schälen, in grobe Stücke schneiden. Das Gemüse in je 1 EL Rapsöl und Butter anbraten, leicht salzen und pfeffern. Mit Orangensaft und der Brühe auffüllen, auf kleinster Stufe zugedeckt 20 bis 25 Min. garen.

❷ Die Suppe mit dem Mixstab schön cremig pürieren, Milch und – je nach gewünschter Konsistenz – Orangensaft untermischen, abschmecken, noch einmal erhitzen.

❸ Scampi oder Fischfilet in Stücken von jeder Seite etwa 2 Min. anbraten, in der letzten Minute den gewürfelten Knoblauch dazugeben. Salzen und pfeffern, auf die Suppe geben. Einen besonderen Pfiff geben frische Orangenfilets darüber: Die beiden Orangen bis auf das Fruchtfleisch schälen, die Filets mit einem scharfen Messer herausschneiden.

TIPP FÜR ELTERN:

→ *So ähnlich kann man natürlich viele andere Obstkuchen herstellen: Gut funktionieren Pflaumen, Pfirsiche aus der Dose und – mit ein bisschen Zucker – auch Johannisbeeren.*

PRO STÜCK 290 KCAL, 5 g E, 16 g F, 33 g KH, 3 g B

APFELKUCHEN MIT STREUSEL

Für so einen Apfelkuchen mit richtig knusprigen Streuseln obendrauf braucht ihr nicht zum Bäcker zu gehen. Den könnt ihr ganz einfach auch Zuhause backen. Das macht Spaß und dauert nicht sehr lange.

1 Den Ofen auf 170 °C (Ober-/Unterhitze) vorheizen. *Für den Rührteig* holt ihr 125 g Butter aus dem Kühlschrank und schneidet sie in kleine Stücke, damit sie schnell weich wird. *Für die Streusel* vermischt ihr mit einer Gabel Mehl, Zimt und Zucker. Dann schneidet ihr 190 g kalte Butter in grobe Stücke und verknetet mit den Händen alles kurz miteinander. Es entsteht eine feste Masse, Krümel werden erst später draus. Wickelt sie in Folie ein und legt sie in den Kühlschrank.

2 Die Äpfel waschen, von oben nach unten halbieren und die Hälften noch mal halbieren. Jetzt könnt ihr das Kerngehäuse herausschneiden und die Äpfel in kleine Stücke oder Scheiben schneiden. In eine große Schüssel werfen und Zitronensaft darübergießen – dann werden die Äpfel nicht braun. Kurz alles umrühren und vermischen. Jetzt muss die Kuchenform eingefettet werden. Dafür verstreicht ihr darin mit Küchenpapier etwas Butter.

3 Die inzwischen weich gewordenen Butterstückchen für den Teig mit beiden Zuckern und ein paar Körnchen Salz mit dem Elektrorührer ordentlich vermischen. Dann den Rührer auf die schnellste Stufe stellen und die Eier untermixen – eins nach dem anderen. Falls es sich nicht gut mischt, müsst ihr noch 1 bis 2 EL heißes Wasser dazugeben. Das Mehl mit dem Backpulver mischen und erst eine Hälfte dazugeben, dann die zweite, zusammen mit der Milch. Noch etwas weiterrühren.

4 Den Teig in die Springform geben und die Äpfel darauf verteilen. Dann bröselt ihr den Streuselteig aus dem Kühlschrank mit beiden Händen obendrauf. Den Kuchen etwa 45 Min. auf der zweiten Schiene von unten backen. Die Brösel sollen ein bisschen braun werden.

ZUTATEN FÜR 1 SPRINGFORM (26 CM)

STREUSEL
- 250 g Mehl
- 100 g Zucker
- 1–2 TL Zimt (oder 1 EL geriebene Zitronenschale)
- 190 g kalte Butter

BELAG
- 750 g feste, säuerliche Äpfel, z. B. Boskop, Cox Orange
- 1 EL Zitronensaft

RÜHRTEIG
- 125 g weiche Butter
- 125 g Zucker
- 1 Tütchen Bourbon-Vanillezucker
- 3 Eier
- 200 g Mehl
- 2 TL Backpulver
- 1–2 EL Milch
- Salz

BANANENKÜCHLEIN

ZUTATEN FÜR 16 KLEINE PFANNKUCHEN

200 g Weizenmehl, Type 405 oder 1050
1 TL Backpulver
1 Tütchen Bourbon-Vanillezucker
4 Eier, Größe M
400 ml Milch
3 reife Bananen
Saft von ½ Zitrone
2 – 3 EL Rapsöl (oder Butter)
50 ml Agavendicksaft (oder Honig)
150 g Naturjoghurt

Egal, ob man sie nun Pfann- oder Pfannekuchen, Eierkuchen oder Palatschinken nennt: Schmecken tun die schnellen Küchlein aus der Pfanne immer. Und unendlich variieren lassen sie sich auch.

❶ Den Backofen auf 100 °C (Ober-/Unterhitze) vorheizen. Das Mehl mit Backpulver, Vanillezucker und einer Prise Salz mischen. Mit einem Schneebesen zuerst die Eier nacheinander unterrühren, dann die Milch. Bananen schälen, in etwa 1 cm dicke Scheiben schneiden und mit etwas Zitronensaft beträufeln.

❷ In einer großen Pfanne 1 EL Öl oder Butter erhitzen, für 4 bis 5 kleine Pfannkuchen je 1 EL Teig hineingeben, sofort 4 bis 5 Bananenscheiben darauflegen, bei mittlerer Hitze 2 bis 3 Min. backen, wenden, noch einmal 1 bis 2 Min. backen. Die Pfannkuchen im Ofen warmstellen. Zum Servieren je einen Klecks Joghurt daraufgeben, darüber etwas Agavendicksaft.

30 MIN ● 85 KCAL, 4 g E, 5 g F, 16 g KH, 1 g B

BLAUBEER-MANDEL-PFANNKUCHEN

FÜR 6 – 8 STÜCK

4 Eier
200 g Mehl, Type 405 oder 1050
400 ml Milch (oder Mineralwasser mit Kohlensäure)
3 EL gehobelte Mandeln
1 Tütchen Bourbon-Vanillezucker
2 EL Rapsöl (oder Butter)
250 g Heidelbeeren, tiefgefroren
100 g Crème fraîche (oder 2 Kugeln Vanilleeis)
1 – 2 EL Puderzucker

Wichtig für einen klümpchenfreien Teig: Zuerst die Eier nacheinander untermischen, dann die Flüssigkeit, egal ob Milch oder Wasser. Außerdem sollte man dem Mehl 10 Minuten Zeit zum Quellen lassen.

❶ Den Herd auf 100 °C (Ober-/Unterhitze) vorheizen. Mit dem Schneebesen erst die Eier nacheinander unter das Mehl rühren, dann Milch oder Wasser, schließlich Mandeln, Vanillezucker und eine Prise Salz. Den Teig mindestens 10 Min. quellen lassen.

❷ In einer großen Pfanne etwas Öl oder Butter erhitzen, je 1 Kelle Teig (etwa 150 ml) hineingeben, 1 bis 2 EL Blaubeeren darauf verteilen. Bei mittlerer Hitze 2 bis 3 Min. goldbraun backen, wenden, 1 bis 2 Min. backen, im Herd warmstellen. Mit Puderzucker bestreuen und mit Crème fraîche oder Vanilleeis servieren.

25 MIN ● 210 KCAL, 10 g E, 16 g F, 28 g KH, 3 g B

VARIANTEN

mit Obst: Apfelschnitze statt Blaubeeren mitbacken.
klassisch: mit Apfelmus, Zucker und Zimt servieren.
herb-süß: ohne Mandeln, Zitronensaft und Puderzucker darübergeben.
leicht dekadent: mit Nuss-Nougat-Creme bestreichen.
herzhaft: Teig ohne Zucker und Nüsse anrühren, statt Obst aufgetaute Spinatblätter dazugeben und mit Käse bestreuen.

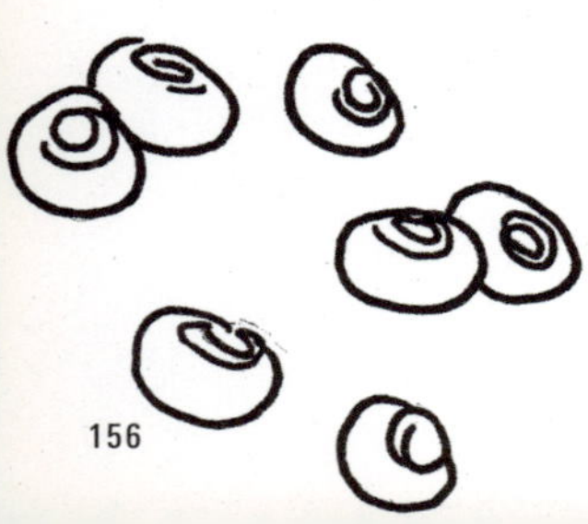

Back-
pulver macht den
Teig fluffiger. Das ist
gut, wenn Obst mit-
bäckt. Die Alternative:
statt Milch Mineral-
wasser mit Kohlen-
säure.

Mehl
mit mehr Voll-
kornanteil (Type 1050)
braucht zum Quellen
zusätzlich Flüssigkeit
(2 bis 3 Esslöffel) und
Zeit, insgesamt
15 Minuten.

Das etwas dunkle, stark quellende Buchweizenmehl ist international beliebt: In Osteuropa nimmt man ihn für Blini, in den USA für buckwheat cakes, in Japan für Soba-Nudeln. Das etwas herbe Knöterich-Gewächs ist reich an Mineralstoffen und B-Vitaminen.

40 MIN ◆ 170 KCAL, 16 g E, 1 g F, 21 g KH, 1 g B

SCHINKEN-KÄSE-RÖLLCHEN

Diese Pfannkuchen genießt man kalt. Aufgerollt und gefüllt lassen sie sich wunderbar mitnehmen und schmecken dann auch beim Picknick oder am Spielplatz.

❶ Die Eier nacheinander unter das Mehl rühren, dann mit der Milch, einer Prise Salz und Muskat glattrühren. Den Teig mindestens 10 Min. quellen lassen (mit Vollkornmehl: 2 bis 3 EL Wasser zusätzlich, 15 Min. Quellzeit). Salat und Kräuter waschen, trockenschleudern, zum Nachtrocknen auf Küchenpapier legen. Die Kräuter abzupfen.

❷ In einer großen Pfanne 1 EL Öl erhitzen, je eine Kelle Teig (etwa 150 ml) 2 bis 3 Min. bei mittlerer Hitze hineingeben und goldbraun backen, wenden und noch einmal 1 bis 2 Min. backen. Die Pfannkuchen mit je ½ EL Frischkäse bestreichen, abwechselnd mit Käse, Schinken, Salat und Kräutern belegen. Straff aufrollen, nach Wunsch schräg in mehrere Stücke aufschneiden. Kleine Stücke lassen sich gut auf Cocktailspieße oder Zahnstocher pieksen.

FÜR 8 GROSSE RÖLLCHEN

- 200 g Mehl, Type 405 oder 1050
- 4 Eier
- 400 ml Milch (oder Mineralwasser mit Kohlensäure)
- 8 Blätter Salat, am besten Romana-Herzen
- je 8 Blätter frischer Basilikum und Petersilie
- 8 Scheiben Gouda, möglichst dünn geschnitten
- 8 Scheiben Kochschinken, möglichst dünn geschnitten
- 4 EL Frischkäse, 13 % F. i. Tr.
- 2 EL Rapsöl
- Salz, Muskat

40 MIN, DAVON 25 AKTIV ◆ PRO GROSSE GALETTE 310 KCAL, 15 g E, 14 g F, 30 g KH, 5 g B

BUCHWEIZEN-GALETTES MIT GEMÜSE

Vor allem in Frankreich liebt man Galettes als kleine Mahlzeit, oft ganz unterschiedlich belegt, auch mit Meeresfrüchten wie Scampi. Durchforsten Sie Ihren Vorrat für kreative Eigenvariationen!

❶ Die getrockneten Tomaten in sehr kleine Würfel schneiden. Erst die Eier unter das Mehl mischen, dann Milch, eine Prise Salz und die Tomatenwürfel. Den Teig mindestens 20 Min. zum Ausquellen ruhen lassen. Die Möhre schälen, erst der Länge nach in dünne Scheiben, dann in kleine Streifen schneiden.

❷ Mit etwas Öl 4 große oder 16 kleine Pfannkuchen backen (je etwa 150/40 ml Teig), nach Bedarf im Herd bei 100 °C warmstellen. In derselben Pfanne Möhren, Erbsen und Mais mit 1 EL Butter 3 Min. anbraten, mit dem Frischkäse binden, dann die Kräuter zugeben. Mit Salz, Pfeffer und einer Prise Zucker würzen. Die Galettes auf Teller legen, vor dem Servieren die Gemüsemischung esslöffelweise darübergeben und je nach Geschmack mit gehobeltem Parmesan und frischen Kräutern bestreuen.

FÜR 16 KLEINE ODER 4 GROSSE GALETTES

- 6 weiche getrocknete Tomaten
- 100 g Buchweizenmehl
- 4 Eier
- 250 ml Milch
- 150 g Möhren
- 2–3 EL Rapsöl
- 1 EL Butter
- 100–150 g Erbsen, tiefgefroren
- 100–150 g Mais
- 50 g Frischkäse, 13 % F. i. Tr.
- 2 EL frische Kräuter nach Belieben (oder getrocknet)
- 2 EL geriebener Parmesan
- Salz, Pfeffer, Zucker

NAAACHTISCH!

Ein Leben ohne Süßes – wer möchte das schon? Hier kommen viele Vorschläge für Nachtische und Kindergeburtstage, für Kuchen und Knusperkekse, Milchreis und Muffins. Bedienen Sie sich, Obstsalat und Eis sind auch dabei. Ein Kapitel für Schleckermäuler.

VOR ALLEM EIN GENUSS

Süßes ist kein Teufelszeug, man darf sich ruhig daran erfreuen. Allerdings bleibt die Verbindung von süß und gesund wohl auch weiterhin ein schöner Traum. Ersatz für Zucker gibt's zwar reichlich, doch nichts davon ist ideal. Wie können kleine und große Süßschnäbel damit umgehen?

ZUCKERTABELLE

	Gehalt pro 100 g in g	Zucker Kalorien
	g	kcal
Himbeerkonfitüre	58	254
Nuss-Nugat-Creme	55,9	547
Milchschokolade	50	581
Gummibärchen	45	345
Frühstücksflakes	37	375
Kinderriegel	29,5	422
Schoko-Müsli	15,4	428
Apfelsaft	10,2	45
Colagetränk	10,6	42

Quelle: Produktangaben

WIE VIEL ZUCKER BRAUCHT DER KÖRPER?

Genau genommen gar keinen. Seine Kohlenhydrate bekommt er auch aus anderen Lebensmitteln. Aber die Seele will Süßes. Es schmeckt nun mal, sorgt für schnelles Wohlbefinden und heizt Serotonin an, den Botenstoff für Glücksgefühle.

WAS SPRICHT FÜR ZUCKER?

Ohne die angeborene Vorliebe für Süßes würden Babys kaum die natursüße Muttermilch nuckeln. Zucker liefert auch schnell Energie, allerdings nur Kalorien ohne wichtige Biostoffe. Und er ist Geschmacksträger, bringt das Aroma von Erdbeeren schön zum Tragen, rundet den Geschmack ab. Eine Prise Zucker peppt auch Herzhaftes auf, setzt einen Kontrapunkt in Salatsaucen und Gemüsegerichten.

MACHT ZUCKER WIRKLICH DICK?

Nicht unbedingt. Die Menge macht's. Rund 4 Kilokalorien pro Gramm, das ist nicht mehr als bei Eiweiß. Und mit Fett konsumiert man sogar mehr als doppelt so viel. Die Kalorien summieren sich bei Süßem aber besonders schnell, weil es sich so leicht wegputzt, gerade zusammen mit süßen Getränken. In einem Liter Limo stecken immerhin rund 100 g Zucker. Das macht rund 400 kcal, für Schulanfänger schon rund ein Viertel des täglichen Kalorienbedarfs. Mit Obstsaft schluckt man zwar nicht weniger Zucker, aber fruchteigene Vitamine dazu.

WAS SIND SCHNELLE KOHLENHYDRATE?

Chemisch gesehen ist Zucker Saccharose. Die gehört zu den Kohlenhydraten und besteht aus Traubenzucker (Glukose/Dextrose) und Fruchtzucker (Fruktose) – wir kennen sie aus vielen Pflanzen, nicht nur aus Obst. Reiner Zucker ist aber nicht mehr in der Frucht gebunden, isoliert wirkt er besonders schnell. Kaum ist er auf der Zunge zergangen, steigt auch schon der Blutzuckerspiegel. Der Körper schüttet Insulin aus, um ihn schnell wieder zu senken, dadurch kommt aber der Hunger schneller wieder zurück.

UND WAS SIND LANGSAME KOHLENHYDRATE?

Die stecken beispielsweise in Vollkorn und werden nur nach und nach freigesetzt und absorbiert. So halten sie den Blutzucker konstant mäßig hoch und unsereinen lange satt. Auch Fett oder Ballaststoffe verlangsamen die schnelle Wirkung von Zucker, dunkle Schokolade zum Beispiel macht nicht so bald wieder hungrig. Gesünder ist das aber nicht, wenn es sich um größere Zuckermengen handelt. Und dann kommen ja bei Schokolade auch noch die Fettkalorien dazu.

SÜSSEN HONIG ODER ROHRZUCKER BESSER?

Jein. Die paar Vitamine und Mineralstoffe vom Honig bringen nicht wirklich etwas. Das gilt auch für Ahornsirup oder Fruchtdicksäfte. Immerhin liefern sie ein paar interessante Geschmackskomponenten. Auch brauner Zucker signalisiert nur vermeintlich gesunde Süße. Roher Rohrzucker zum Beispiel hat ein paar Reinigungsstufen weniger durchlaufen. Und das Etikett macht klar: Brauner Zucker ist oft deswegen braun, weil ihn Karamell färbt.

SCHADET SÜSSES DEN ZÄHNEN?

Nur, wenn man es zu häufig isst und die Zähne nicht richtig putzt. Aber dann schadet auch alles andere, was Kohlenhydrate enthält – sogar, wenn es nicht oder nur kaum süß schmeckt. So hat schon Möhrensaft bei Babys die ersten Zähnchen durch Fruchtzucker geschädigt. Auch die Stärke aus Kartoffelchips fördert Karies. Entscheidend ist, die Zähne oft und gründlich zu putzen. Gut ist auch, Obst gründlich zu kauen. Der Speichelfluss, der dabei entsteht, schützt die Zähne vor Fruchtzucker und auch -säure.

SIND SÜSSSTOFFE DIE LÖSUNG?

Sie sind kalorienfrei und gehen weder an die Zähne noch den Blutzuckerspiegel. Vermutungen, Süßstoffe seien ungesund, sind inzwischen widerlegt, ebenso, dass bestimmte Süßstoffe den Appetit anregen. Ein Problem haben Sie dennoch: Sie schmecken einfach nicht so gut, Mischungen sollen das beheben. Als rein chemische Produkte haben Süßstoffe in einer möglichst naturnahen Ernährung aber keinen Platz. In größeren Mengen fördern sie eher die Vorliebe für Süßes. Besser ist es, natürlich zu süßen, das aber sparsam.

WAS IST MIT ZUCKERFREIEN SÜSSIGKEITEN?

Sie bestehen weitgehend aus zahnfreundlichen Zuckeraustauschstoffen. Die können aber auch die Verdauung anregen. „Zuckerfrei" bedeutet hier mitunter: Schon einige Bonbons können bei Empfindlichen wortwörtlich in die Hose gehen. Achten Sie auf Aufschriften wie „Kann bei übermäßigem Verzehr abführend wirken."

WAS HEISST „WENIGER SÜSS"?

Gerade Frühstücksflocken und -pops kommen auf Zuckermengen von 35 % und mehr, sind also eher eine Süßigkeit. Da klingt „weniger süß" als Aufschrift richtig gut. Nachlesen zeigt: Gemeint sind in diesem Fall rund 25 % Zucker. Das ist weniger als im Vergleichsprodukt – aber immer noch eine satte Menge. Auf rund 15 % kommt dagegen ein Schokomüsli, bei dem man eigentlich mehr Süße vermutet. Auch sonst ist vieles relativ. „Natursüß" bei Obstkonserven liest sich gut. Genaues Lesen macht klar: Ein Zuckerauszug aus Früchten ist auch dabei. Das ist nicht viel, ungesüßt ist es aber nicht.

Zucker ist auf Zutatenlisten oft nicht auf den ersten Blick zu erkennen. Faustregel: Endungen auf –ose und -zucker oder -sirup deuten darauf hin, dass gesüßt wurde. Fruktose-, Glukose- und Maissirup zum Beispiel werden nicht aus Zuckerrüben oder -rohr hergestellt, sondern industriell aus einfacher Stärke.

BUNTE BEERENGRÜTZE MIT QUARKCREME

15 MIN ♦ 270 KCAL, 13 g E, 5 g F, 105 g KH, 3 g B

Mit tiefgefrorenen Beeren lässt sich das ganze Jahr über ein sommerlich-frisches Dessert zaubern. Und wer beim Rühren Ausdauer beweist, wird mit besonders cremigem Quark belohnt.

- 1 Bio-Orange (oder 200 ml Orangensaft und 1 TL geriebene Orangenschale)
- 750 g Beerenmischung, tiefgefroren
- 120 g Zucker
- ½ Zimtstange
- 500 g Quark, 20 % Fett i. Tr.
- 1 Tütchen Bourbon-Vanillezucker
- 3 EL Milch
- 1 EL Stärke (10 g)

❶ Die Orange etwa zur Hälfte vorsichtig abreiben, den Saft ausdrücken. 400 g Beerenmischung mit 100 g Zucker, dem Orangensaft und der halben Zimtstange etwa 10 Min. in einem Topf köcheln lassen.

❷ Den Quark mit 20 g Zucker, dem Vanillezucker und der Milch mit dem Elektrogerät auf höchster Stufe etwa 5 Min. lang durchrühren. Das macht den Quark richtig schön cremig. Per Hand mit dem Schneebesen klappt das nicht so gut.

❸ Die Zimtstange aus dem Topf fischen, die Beerenmischung mit dem Pürierstab zu einer glatte Sauce mixen. Die Stärke mit 2 EL kaltem Wasser anrühren, unter die Beerensauce geben. Kurz aufkochen und etwa 2 Min. köcheln lassen, damit der Stärkegeschmack vergeht. Die Sauce darf dabei ruhig stark andicken, denn jetzt kommen die restlichen 350 g gefrorenen Beeren dazu, die beim Auftauen noch viel Saft abgeben. Geriebene Orangenschale nach Geschmack unterrühren und auskühlen lassen.

❹ Besonders gut schmeckt der Beerenmix, wenn Sie den Zucker zu Beginn vorsichtig karamellisieren: Dazu geben Sie 100 g in einen Topf, so dass der Boden gleichmäßig bedeckt ist, und lassen ihn unter großer Hitze goldgelb schmelzen. Dann die Beerenmischung wie in Schritt 1 dazugeben und köcheln lassen.

Beeren sind Powerfood: Himbeeren und Heidelbeeren stecken voller Ballaststoffe (5 Gramm pro 100 Gramm). Brom-, Heidel- und Holunderbeeren liefern reichlich Vitamin C, Eisen, Kalium – und sekundäre Pflanzenstoffe wie Anthocyane. Die roten bis blauschwarzen Biostoffe sind gut fürs Immunsystem.

Milchreis braucht weniger zusätzlichen Zucker als viele andere Desserts, die Milch selbst ist schon etwas süßlich. Außerdem enthält sie viel Kalzium.

35 MIN, DAVON 20 AKTIV • 175 KCAL, 7 g E, 4 g F, 28 g KH (OHNE KIRSCHEN)

MILCHREIS LIGHT MIT KIRSCHKOMPOTT

Milchreis hat viele Vorzüge: Er ist schön weich und cremig, lässt sich warm oder kalt genießen, als Hauptmahlzeit oder Nachtisch. Außerdem ist er preiswert und gesund.

ZUTATEN FÜR 8 PORTIONEN

MILCHREIS

150–200 g Milchreis, je nach Sorte
250 ml Wasser
750 ml Milch
3–4 EL Speisequark, 20 % F. i. Tr.
2–3 EL Agavendicksaft (oder Zucker)
Salz

KIRSCHKOMPOTT

1 Glas Sauerkirschen, etwa 400 g Abtropfgewicht
2 EL Zucker
1 Tütchen Bourbon-Vanillezucker
1 EL Puddingpulver Vanille (oder Stärke)

❶ 200 g Milchreis in 250 ml Wasser mit einer Prise Salz aufkochen, 10 Min. ohne Hitze bei geschlossenem Deckel quellen lassen. Die Milch hinzugeben, gut verrühren, einmal aufkochen, dann bei kleinster Hitze garen lassen, dabei öfter umrühren. Die sichere Alternative ohne Anbrennen: 20 Min. im vorgeheizten Backofen bei 140 °C (Ober-/Unterhitze) quellen lassen. Noch besser: 10 Min. quellen lassen, dann den Topf mit einem Handtuch umwickelt in eine Bettdecke geben. Dort kann er auch Stunden bleiben.

❷ Milchreis quillt je nach Sorte und Alter sehr unterschiedlich. Wenn er zu fest geworden ist, einfach noch etwas Milch unterrühren und beim nächsten Mal weniger Reis nehmen. Vor dem Servieren – egal ob warm oder kalt – den Quark unterrühren und mit Agavensaft süßen. Wer stattdessen Zucker nimmt, rührt ihn unter den warmen Reis.

❸ Für das Kompott die Kirschen abgießen, dabei den Saft auffangen. 150 ml Saft mit Zucker und Vanillezucker aufkochen. 1 EL Puddingpulver oder Stärke mit 1 EL kaltem Saft (oder Wasser) glattrühren, zum heißen Saft geben, kurz mit den Kirschen aufkochen. Zum Milchreis servieren, je nach Geschmack mit Zucker und Zimt bestreuen.

VARIATIONEN

Andere Obstsorten dazu servieren, beispielsweise gefrorene Blaubeeren oder Himbeeren mit 100 g Zucker und 100 ml Wasser aufkochen.

Auch gut: Mit Birnen aus der Dose und Schokoladensauce (Fertigprodukt) servieren.

Konfitüre oder Fruchtmark esslöffelweise kreisförmig unterrühren, es soll sich ein dekoratives Muster bilden. Das zuckerfreie Fruchtmark gibt es im Bio-Laden.

Zucker und Zimt darüberstreuen, eventuell dazu in der Pfanne gebräunte Butter.

50 g Schokolade in Raspeln über den warmen Milchreis geben, aber nur leicht untermischen.

250 ml Buttermilch – anstelle von Milch – unterrühren und vor dem Quellen mit erhitzen, aber nicht aufkochen.

Kokosmilch statt Milch nehmen, Quark weglassen, mit kandiertem Ingwer und Mandelblättchen verzehren.

TIPP FÜR ELTERN:

→ *Bei kleinen Schälchen reichen 10 Min. zum Antauen, bei einer größeren Schüssel eher 20 Min. Wer es so richtig cremig liebt, teilt das Sorbet vor dem Servieren in Stücke und püriert es noch einmal.*

APFEL- UND PFIRSICH-MARACUJA-SORBET

Für ein Apfelsorbet das Mus von Seite 37 benutzen, aber pürieren. Für das Pfirsichsorbet 800 g reife Pfirsiche waschen, halbieren, entkernen und in grobe Stücke schneiden. Mit 400 ml Maracujasaft, 100 ml Orangensaft, 120 ml Agavendicksaft und dem Saft einer ausgedrückten Zitrone 10 Min. musig kochen, cremig pürieren und auskühlen lassen. Dann mit 3 geschlagenen Eiweiß wie in Schritt 3 weiter verfahren.

BANANENSORBET ● 120 KCAL, 4 g E, 4 g F, 17 g KH, 1 g B, ERDBEERSORBET ● 70 KCAL, 1 g E, 15 g KH

FRUCHTEIS – GANZ NACH DEINEM GESCHMACK

Wenn man Eis machen will, braucht man keine Eismaschine. Wir haben uns ein fruchtiges Eis ausgedacht, dass ihr mit den Obstsorten machen könnt, die euch am besten schmecken: Erdbeeren, Bananen, Äpfeln, Pfirsich, Blaubeeren oder Himbeeren.

❶ Die Erdbeeren waschen, die Stiele abmachen. Tiefgefrorene Früchte müsst ihr auftauen lassen. Zusammmen mit dem Agavendicksaft (oder 100 g Zucker) püriert ihr die Erdbeeren mit dem Mixstab, bis sie ganz cremig sind. Für das Bananensorbet püriert ihr die geschälten Bananen zusammen mit Kokosmilch, Vanillezucker und Agavendicksaft (oder 65 g Zucker). Dann füllt ihr das Fruchtpüree in eine Schüssel.

❷ Jetzt müssen 3 Eier getrennt werden, dafür holt ihr euch am besten Hilfe von den Großen. Das Eiweiß in einer hohen Schüssel mit einem elektrischen Handrührer erst so lange rühren, bis es ein bisschen schaumig wird, dann 1 EL Zucker dazugeben und richtig steif schlagen, bis kleine Spitzen auf der Oberfläche entstehen. Dafür braucht man etwas Geduld, ihr könnt ruhig bis zu 5 Min. rühren.

❸ Den Eiweißschaum vorsichtig mit dem Fruchtpüree mischen und in kleine Schälchen umfüllen. Eine große Schale geht auch, aber sie muss in die Gefriertruhe passen. Da bleibt das Eis für mindestens 3 Std.

❹ Kurz bevor ihr das Eis essen möchtet, holt ihr es aus dem Gefrierfach. So kann es antauen. Wer mag, füllt es mit einem Löffel in kleine Waffelhörnchen wie in der Eisdiele. Die Hörnchen kann man im Supermarkt kaufen.

ZUTATEN FÜR JE 10 PORTIONEN

ERDBEERSORBET

1 kg Erdbeeren, frisch oder tiefgefroren
120 ml Agavendicksaft
1 EL Zucker
3 Eiweiß

BANANENSORBET

700 g Bananen
200 ml Kokosmilch
80 ml Agavendicksaft
2 Tütchen Bourbon-Vanillezucker
1 EL Zucker
3 Eiweiß

Eine große Kiwi liefert genug Vitamin C für einen Tag, dazu reichlich Mineral- und Ballaststoffe – bei halb so viel Kalorien und nur einem Drittel soviel Zucker wie ein Apfel.

Getrocknete Beeren haben zwar Vitamine eingebüßt, stecken aber voller Mineral- und Ballaststoffe. Weißliche Beläge kommen eher von auskristallisiertem Zucker als Schimmel.

BUNTER OBSTSALAT MIT NÜSSEN

20 MIN ♦ 290 KCAL, 1 g E, 16 g F, 36 g KH, 3 g B

Bunt und etwas üppig, aber die Kalorien kommen vor allem aus gesunden Nüssen und fruchteigenem Zucker. Die Obstsorten hier sind nur Vorschläge – schnippeln Sie hinein, was Sie zu Hause haben. Auch gefrorene Beeren sind gut. Gelbe Früchte haben weniger Säure, das ist für ganz kleine Kinder besser.

1 Den Apfel- und Orangensaft mit dem Saft der halben Limette vermischen. Die Äpfel und Birnen waschen, vierteln, entkernen und in dünne Scheiben schneiden. Sofort in die Saftmischung geben, so behält das Obst seine Farbe. Die Kiwi schälen, vierteln, in dünne Scheiben schneiden. Mit den Weintrauben und den Physalis – evtl. halbiert – zum restlichen Obst geben.

2 Für den Cranberry-Nuss-Mix können Sie Nüsse gehackt kaufen – oder selbst zerkleinern (siehe Schritt 3). Die Nüsse vor dem Servieren zusammen mit den Cranberries über den Obstsalat streuen.

3 Noch besser schmeckt's, wenn Sie die ganzen Nüsse in einer Pfanne ohne Fett bei mäßiger Hitze rösten, bis sie anfangen zu duften und leicht Farbe annehmen. Den Zucker dazugeben, ganz leicht schmelzen, dabei karamellisieren die Nüsse. Auf einem Brett mit Backpapier abkühlen lassen und zerbröseln: Dazu eine Lage Backpapier über die Nüsse legen und mit einem Topfboden oder einer Teigrolle fest, aber vorsichtig drücken.

- 200 ml Apfelsaft, naturtrüb
- 200 ml Orangensaft
- ½ Limette (oder Zitrone)
- 2 Birnen
- 2 Äpfel
- 1 Kiwi
- etwa 20 kernlose Weintrauben
- 10 Physalis
- 150 g Nüsse gehackt oder ganz (wie Walnüsse, Cashewnüsse, Mandeln, Sonnenblumenkerne)
- 75 g getrocknete Cranberries
- 1 TL Zucker

KIRSCH-CRANBERRY-CRUMBLE MIT JOGHURTCREME

45 MIN, DAVON 20 AKTIV ♦ 350 KCAL, 6 g E, 14 g F, 82 g KH, 3 g B

Ein Crumble kann Nachtisch sein, Ersatz für Kuchen oder einfach eine süße Mahlzeit. Der Teig ist hier nicht unter dem Obst, sondern als Streusel obendrauf. Statt Rosinen enthält er herb-süße Cranberries.

1 Backofen auf 180 °C (Ober-/Unterhitze) vorheizen. Für die Streusel Mehl, Zucker, Butter, eine Prise Salz, Mandeln und Zimt zügig mit den Knethaken oder Händen zu einem glatten festen, fast krümeligen Teig kneten (nicht zu lange, da die Butter nicht sehr weich werden darf!). In Frischhaltefolie gewickelt 10 Min. ins Gefrierfach legen.

2 Die Kirschen abtropfen lassen, in einer Auflauf- oder Tarteform verteilen, die Cranberries darüber streuen. Den Apfel waschen, vierteln und entkernen und über die Kirschen reiben. Den Teig aus dem Gefrierfach nehmen, zu Streuseln krümeln und gleichmäßig über das Obst verteilen. Im Ofen auf der zweiten Schiene von oben 20 bis 25 Min. backen.

3 Frischkäse und Joghurt mit dem Agavendicksaft (oder 1 EL Zucker mit 1 EL Milch) zu einer glatten Creme rühren, kühl stellen und wie Sahne zu dem Crumble servieren.

ZUTATEN FÜR 8 PORTIONEN

- 100 g Mehl
- 80 g Zucker
- 60 g kalte Butter
- 50 g gehackte Mandeln
- ½ TL Zimt
- 500 g Sauerkirschen, entsteint (Glas oder tiefgefroren)
- 150 g Cranberries, getrocknet
- 1 Apfel
- 200 g Frischkäse, ca. 13 % Fett i. Tr.
- 200 g Joghurt
- 1 EL Agavendicksaft (oder je 1 EL Zucker und Milch)

BLITZEIS MIT HIMBEEREN

200 g Sahne
40 g Amarettini
150 g Himbeeren, tiefgefroren
10 kleine Schaumküsse
(für Erwachsene 75 g Baiser)

Sahne schlagen, Kekse und Schokoküsse hineinbröseln, Beeren untermixen – und schon ist dieses schnelle Eis-Dessert fertig. Während die Beeren auftauen, kühlen sie die Sahne, in der zerkleinerte Schokoküsse oder Baisers ruhen. Als kaltes Dessert schmeckt das sofort – oder später aus der Gefriertruhe als Eis.

❶ Die Schlagsahne steif schlagen. Einige Amarettini und gefrorene Himbeeren zur Dekoration beiseitelegen. Die Amarettini mit der Hand grob zerdrücken, über die Sahne geben. Den Keksboden der Schaumküsse abtrennen. Die Schaumküsse – oder das Baiser – mit dem Messer grob zerteilen und zusammen mit den zerbröselten Amarettini vorsichtig unterheben, sie sollen sich nicht zu stark mit der Sahne mischen. Dann die anderen Himbeeren direkt aus der Gefriertruhe unter die Sahne mischen.

❷ 10 bis 15 Min. warten, bis die Beeren essfertig angetaut sind. Jede Portion mit Amarettini – ganz oder zerbröselt – und Beeren dekorieren.

❸ Wer's eisiger mag, stellt den Himbeer-Sahne-Mix in die Gefriertruhe und lässt ihn dort mindestens 2 Std. durchfrieren. Etwa 20 Min. vor dem Verzehr zum Antauen herausnehmen.

15 MIN ♦ 185 KCAL, 2 g E, 11 g F, 19 g KH, 1 g B

SCHOKOKNUSPER HELL UND DUNKEL

ZUTATEN FÜR JE 1 BLECH
ETWA 20 KEKSE
150–175 g Cornflakes, ungesüßt
25 g Mandeln,
gehackt oder gehobelt

DUNKLE KNUSPERFLAKES
50 g Vollmilchschokolade
50 g Zartbitterschokolade

HELLE KNUSPERFLAKES
100 g weiße Schokolade

Ob Vollmilch, zartbitter oder weiß: diese Knusperkekse schmecken in jeder Variante. Sie passen auch gut zu Desserts und sind leicht mitzunehmen – kurzum: Ein schnelles Naschvergnügen für das ganze Jahr.

❶ Die Schokolade mit einem scharfen Messer grob zerkleinern und im Wasserbad schmelzen: Wasser in einem Topf erhitzen, einen kleineren Topf hineinhängen, darin erst 75 % der Schokolade schmelzen, dann den Rest ohne Hitzezufuhr einrühren.

❷ Cornflakes und Mandeln in eine große Schüssel geben, die Schokolade darübergießen und alles mit zwei großen Löffeln gründlich mischen. Die Schokoschicht wird recht dünn, die Flakes bleiben zum Teil sichtbar. Ein Backblech mit Backpapier auslegen, die Schokoknusper mit 2 Esslöffeln in kleinen Häufchen darauf verteilen, das ergibt pro Blech 20 bis 25 Stück. Am besten einfach in der Küche oder im ausgestellten Herd auskühlen lassen. Das dauert zwar länger, dafür glänzt die Schokolade dann schön.

❸ Statt Mandeln machen sich auch getrocknete Cranberries oder Kirschen gut. Einen kleinen Aromakick geben einige Tropfen Bittermandelaroma oder etwas geriebene Zitronen- oder Orangenschale.

15 MIN ♦ PRO KEKS 65 KCAL, 1 g E, 3 g F, 8 g KH, 1 g B

Damit die Schokolade hinterher schön glänzt und nicht fleckig wird, beim Schmelzen nicht zu heiß werden lassen – Körpertemperatur reicht. Deshalb auch einen Teil der Schokolade erst zum Schluss ohne Hitzezufuhr unterrühren und schmelzen.

Für den frischen säuerlichen Geschmack von Rhabarber ist Oxalsäure verantwortlich. Sie entzieht dem Körper Kalzium – Milch gleicht das wieder aus. Je röter die Stangen, desto ärmer an Oxalsäure sind sie. Rhabarber aber niemals roh essen!

ERDBEER-RHABARBERKOMPOTT MIT GRIESSNOCKEN

⊙ 30 MIN ● 350 KCAL, 11 g E, 2 g F, 70 g KH, 8 g B

Schön, dass Rhabarber wieder in Mode kommt. Seine leichte Säure mildern hier süße Erdbeeren ab, so kommt der erfrischende Geschmack voll zur Geltung. Milde Grießnocken komplettieren einen frühsommerlichen Dreiklang, den auch Kinder lieben.

KOMPOTT

500 g Rhabarber, etwa 300 g geputzt
400 g Erdbeeren
150 ml Orangensaft
1 Tütchen Vanillezucker
2 EL Zucker
1 EL Stärke

GRIESSNOCKEN

350 ml Milch
2 EL Zucker
40 – 50 g Grieß
Salz

❶ Für das Kompott den Rhabarber waschen, Stielenden und Blätter abschneiden, harte Haut abziehen, in etwa 1,5 cm breite Stücke schneiden. Den Orangensaft mit Zucker und Vanillezucker aufkochen. Den Rhabarber dazugeben, 3 bis 5 Min. leise köcheln lassen. Dann die Stärke in etwas Wasser glattrühren, dazugeben und noch einmal aufkochen, kurz abkühlen lassen. Inzwischen die Erdbeeren waschen, halbieren, größere vierteln und zum Kompott geben. Noch leicht warm oder kalt genießen.

❷ Für die Nocken die Milch mit einer Prise Salz und dem Zucker aufkochen. Den Grieß unter Rühren einrieseln lassen, von der Hitze nehmen und etwa 5 Min. quellen lassen. Die Masse soll mit dem Löffel formbar sein, dafür evtl. noch etwas Grieß mit dem Schneebesen unterrühren, er wird auch kalt noch fester. Ist der Grieß zu fest geworden, 1 EL Butter, Milch oder Speisequark einrühren. Auskühlen lassen. Mit 2 nassen Löffeln Nocken aus dem Grieß stechen und auf dem Kompott anrichten.

❸ Wenn Sie lieber traditionellen Grießbrei bzw. -flammeri mögen: 500 ml Milch mit 4 EL Zucker und 1 Prise Salz aufkochen, den Grieß einstreuen und bei sehr niedriger Hitze 5 bis 6 Min. ausquellen lassen. Abkühlen lassen und 100 g Speisequark (20 % F. i. Tr.) unterrühren.

❹ Frisch in feuchtes Tuch gelagert hält sich Rhabarber etwa 3 Tage im Kühlschrank. Die Stangen lassen sich roh, ungeschält oder als Kompott einfrieren. Die Erdbeeren kommen dann später dazu.

NEW

KÄSEKUCHEN MIT BRÖSELBODEN

90 MIN, DAVON 40 AKTIV + 6 STD ● BEI 16 STÜCK 360 KCAL, 9 g E, 18 g F, 41 g KH, 2 g B

Als enger Verwandter des American cheesecake ist dieser Kuchen schön cremig. Der Boden besteht ganz einfach aus Keksbröseln und Butter, oben ist er von frischem Obst gekrönt. Am besten, Sie backen ihn einen Tag im Voraus.

❶ Ofen auf 180 °C (Ober-/Unterhitze) vorheizen. Eine Springform mit Backpapier auslegen: Dazu das Papier zuschneiden, zerknüllen, wieder glatt streichen, am Rand mehrfach einschneiden und in die Form drücken. Kekse in einem Gefrierbeutel mit dem Nudelholz zerbröseln. Butter in der Pfanne schmelzen, mit den Bröseln mischen, in die Springform drücken. Den Bröselboden 10 Min. backen, auskühlen lassen.

❷ Ricotta, Frischkäse und 150 g Zucker mit den Eiern glattrühren. Das Puddingpulver und eine Prise Salz dazugeben, ebenso je 1 TL Zitronensaft und die geriebene Zitronenschale. Auf den ausgekühlten Boden füllen und 30 Min. backen.

❸ Die Konfitüre leicht erwärmt flüssig rühren, über die Frischkäseschicht geben. 300 g Schmand mit 1 EL Zucker und 1 Tütchen Vanillezucker verrühren und daraufstreichen. Noch einmal 10 bis 15 Min. backen. Mindestens 6 Std. auskühlen lassen. Dann dick mit Puderzucker bestreuen und halbierte oder geviertelte Erdbeeren daraufsetzen.

❹ Der Kuchen schmeckt auch nur mit der ersten Ricotta-Schicht. Deko-Alternative: Statt Puderzucker eine dünne Schicht Konfitüre auf dem Kuchen verstreichen und Obst – auch aus der Dose – darübergeben.

FÜR EINE SPRINGFORM 16 STÜCK

BODEN

- 250 g Butterkekse, am besten Vollkorn
- 60 g Butter

BELAG

- 750 g Ricotta (oder Sahnequark)
- 100 g Doppelrahm-Frischkäse
- 160 g Zucker
- 3 Eier, Größe M
- 1 Tüte Puddingpulver Vanille
- 1 Bio-Zitrone (oder 1 TL Zitronensaft und geriebene Schale)
- 300 g Aprikosen- oder Erdbeerkonfitüre
- 300 g Schmand
- 1 Tütchen Bourbon-Vanillezucker
- 50 g Puderzucker
- einige Erdbeeren zum Dekorieren

Bröselböden sind eine ideale Grundlage für viele schnelle Kuchen. Es können auch andere Kekse wie Löffelbiskuits sein, Müslimischungen oder Cornflakes. Ein Belag ohne Backen: Je 250 g Frischkäse und Quark mit 2 bis 3 EL Zucker und evtl. etwas Joghurt glattrühren. Obst und Mandelblättchen oder Schokostreusel darübergeben.

Wer lieber eine 26er-Springform oder eine Kastenform nimmt, halbiert einfach die Zutatenmenge. Der Kuchen lässt sich auch gut auf Vorrat backen und einfrieren. Dann aber den Zuckerguss erst später auftragen!

Mit 200 g Mehl, aber ohne Kakao, wird aus dem Teig ein Boden, der sich mit frischen Früchten wie Blaubeeren belegen lässt. Darüber kommt Tortenguss, dazu ein paar gehackte Mandeln.

MÖHRENKUCHEN MIT ORANGENGUSS

⊙ 50 MIN, DAVON 20 AKTIV ◆ PRO STÜCK 245 KCAL, 6 g E, 15 g F, 20 g KH, 2 g B

Gesunder Kuchen, gibt es so etwas überhaupt? Wenigstens teilweise, wenn Möhren mit vielen Biostoffen und Mandeln mit wertvollen Fettsäuren dazukommen. Je länger der Kuchen unter der Glasur durchzieht, desto intensiver schmeckt er.

ZUTATEN FÜR 1 BLECH, 24 STÜCK

- 1 Bio-Zitrone
- 300 g Möhren
- 3 Eier, Größe M
- 2 Tütchen Vanillezucker
- 1 Tütchen Backpulver
- 300 g Mehl
- 200 g Zucker
- 200 g weiche Butter
- 1 TL Zimt
- 200 g gemahlene Mandeln
- 200–250 ml Orangensaft

GUSS

- 200 g Puderzucker
- 4 EL Orangensaft

❶ Den Backofen auf 180 °C (Ober-/Unterhitze) vorheizen. Ein großes Backblech (etwa 30 x 40 cm) mit Backpapier auslegen, alternativ mit Butter ausfetten.

❷ Eine halbe Zitrone abreiben, den Saft ausdrücken. Die Möhren waschen, mittelgrob raspeln und mit dem Zitronensaft mischen. Die Eier mit dem Zucker sehr schaumig schlagen. Den Vanillezucker mit dem Backpulver mischen und zusammen mit Mehl und Zucker dazugeben, dann die weiche Butter, Salz, Zitronenschale, Zimt, Mandeln und den Orangensaft. Alles zu einem glatten Teig rühren, die geraspelten Möhren vorsichtig untermischen.

❸ Den Teig auf dem Backblech glattstreichen, etwa 30 Min. backen und 5 Min. auskühlen lassen. Für den Guss Puderzucker mit Orangensaft verrühren und auf dem noch warmen Kuchen verteilen.

❹ Statt Zimt machen sich auch andere leicht exotische Gewürze gut in dem Möhrenkuchen, z. B. eine Prise Muskat oder 1 EL frisch geriebener Ingwer mit Orangenschalen.

SCHMANDKUCHEN MIT MANDARINEN UND ZIMT

⊙ 35 MIN ◆ PRO STÜCK 220 KCAL, 4 g E, 14 g F, 15 g KH, 1 g B

Zimt nur zu Weihnachten? Das wäre schade. So kombiniert schmeckt der Mandarinenkuchen das ganze Jahr über. Der Teig dazu geht schnell, gelingt sicher und ist eine gute Basis für verschiedenste Auflagen, auch für anderes Obst.

ZUTATEN FÜR 1 SPRINGFORM (26 CM)

RÜHRTEIG

- 180 g weiche Butter
- 150 g Zucker
- 1 Tütchen Vanillezucker
- 2 Prisen Salz
- 3 Eier, zimmerwarm
- 250 g Mehl
- 1 Tütchen Backpulver
- 2 EL Kakaopulver

SCHMANDCREME

- 3 Dosen Mandarinen
- 500 g Schmand
- 250 g Magerquark
- 100 ml Milch
- 50 g Zucker
- 1–2 EL Zimt

❶ Herd auf 180 °C (Ober-/Unterhitze) vorheizen. Das Backblech mit Backpapier auslegen. Butter, Zucker, Vanillezucker und Salz mit dem Handrührer schaumig rühren. Die Eier nacheinander auf höchster Stufe untermischen. Falls sich die Masse trennt, 1 bis 2 EL heißes Wasser unterrühren. Mehl, Backpulver und Kakaopulver vermengen, mit der Milch kurz, aber gründlich unterrühren. Den Teig aufs Backblech geben, auf der untersten Schiene etwa 20 Min. backen. Den Kuchen samt Backpapier auf einem Rost auskühlen lassen.

❷ Inzwischen die Mandarinen auf einem Sieb abtropfen lassen. Den Schmand, Quark, Milch und Zucker mit dem Handrührer 3 bis 5 Min. cremig schlagen. Sobald der Kuchen kalt ist, die Mandarinen darauf verteilen, die Schmandcreme darüber streichen und mit dem Zimt bestreuen.

MUFFINS VON FRÜH BIS SPÄT

Diese Minis in Papierförmchen sind praktisch und als süßes Extra ein Genuss, die Müsli-Muffins sogar schon zum Frühstück. Und ob mit Schoko, Obst oder Frischkäse – alle lassen sich leicht transportieren. Hier werden kleinere Muffins gebacken, die sind für Kinder leichter zu essen, passen besser in die Hand. Und sie sind angenehmer für kalorienbewusste Eltern.

Zubereitungsschritte für alle Rezepte

❶ Den Backofen auf 180 °C (Ober-/Unterhitze) vorheizen. Es werden 2 Muffinbleche mit Papierförmchen oder 16 separate Muffinförmchen benötigt. Die Förmchen auf dem Backblech verteilen, bei Papierförmchen zwei ineinanderstecken, sonst läuft der Teig aus.

❷ Den Teig je nach Rezept mischen, in die Förmchen verteilen: Mit einem Esslöffel den Teig einfüllen, mit einem zweiten abstreifen.

❸ Im Backofen auf der mittleren Schiene etwa 15 Min. backen. Die Muffins sollen leicht gebräunt sein.

MÜSLI-MUFFINS

- 1 kleine Möhre
- 1 kleiner säuerlicher Apfel
- 1 TL Zitronensaft
- 50 ml Apfelsaft
- 100 g weiche Butter
- 80 g Honig
- 2 Eier Größe M
- 100 g Mehl
- 2 TL Backpulver
- 1 Prise Zimt
- 100 g Müsli, ohne gepoppte Knusperanteile
- 50 g gehackte Nüsse

❶ Möhre und Apfel waschen, den Apfel vierteln, das Kerngehäuse entfernen. Möhre und Apfelviertel grob raspeln. Den Zitronen- und Apfelsaft unter den Apfelraspel rühren.

❷ Erst die weiche Butter mit dem Honig cremig rühren, dann ein Ei und ein Eigelb unterrühren.

❸ Mehl mit Backpulver, Zimt, Müsli und Nüssen unter den Buttermix mischen. Dann Apfel und Möhren unterrühren. Teig einfüllen, backen.

⊖ 15 + 15 MIN ◆ 150 KCAL, 2 g E, 9 g F, 11 g KH, 1 g B

SCHOKO-BANANEN-MUFFINS

- 2 Bananen
- 200 g Mehl
- 2 EL Kakao, ungesüßt
- 2 EL Schokostreusel, zartbitter
- 2 TL Backpulver
- 50 g Zucker
- 1 Tütchen Bourbon-Vanillezucker
- 125 g weiche Butter
- 3 Eier, Größe M

❶ Bananen schälen, jeweils in 16 ähnlich große Scheiben schneiden.

❷ Alle anderen Zutaten auf einmal mit dem Rührgerät erst kurz auf niedrigster Stufe, dann 3 Min. auf höchster Stufe zu einem glatten Teig rühren.

❸ Den Teig in die Förmchen füllen, auf jedes 2 Bananenscheiben setzen, backen. Für noch mehr Schokogenuss die kalten Muffins mit im Wasserbad geschmolzener Schokolade bestreichen.

⊖ 15 + 15 MIN ◆ 150 KCAL, 3 g E, 10 g F, 19 g KH, 1 g B

SCHOKO-FRISCHKÄSE-MUFFINS

⏲ 15 + 15 MIN ♦ 190 KCAL, 5g E, 12 g F, 20g KH, 2g B

❶ Sämtliche Zutaten – bis auf den Frischkäse – mit dem Rührgerät erst kurz auf kleinster Stufe, dann 3 Min. auf höchster Stufe zu einem glatten Teig rühren.

❷ Je 1 EL Teig in die Förmchen geben, dann mit Hilfe von 2 Teelöffeln kleine Nocken Frischkäse abstechen und in die Förmchen setzen, die Löffel dabei immer wieder in warmes Wasser tauchen. Den restlichen Teig darauf verteilen, backen.

- 200 g Mehl
- 2 EL Kakao, ungesüßt
- 2 TL Backpulver
- 50 g Zucker
- 1 Tütchen Bourbon-Vanillezucker
- 100 g weiche Butter
- 50 g Schokostreusel, Vollmilch
- 50 g Schokostreusel, zartbitter
- 50 g weiße Schokostreusel
- 3 Eier, Größe M
- 200 g Frischkäse, ca. 13 % Fett i. Tr.

APFEL-ZITRONEN-MUFFINS

⏲ 15 + 15 MIN ♦ 125 KCAL, 3 g E, 9 g F, 21 g KH, 1 g B

❶ Die Zitrone abreiben und ausdrücken. Äpfel waschen, vierteln und entkernen, in kleine Würfel schneiden, mit dem Zitronensaft und Abrieb vermischen.

❷ Alle anderen Zutaten auf einmal mit dem Rührgerät zunächst auf niedriger Stufe, dann 3 Min. auf höchster Stufe zu einem glatten Teig rühren. Die Apfelwürfel zugeben, kurz auf kleinster Stufe unterrühren. Teig einfüllen, backen.

- 1 Bio-Zitrone
- 2 Äpfel, süß-sauer, etwa 200 g (wie Cox Orange, Boskop)
- 150 g Mehl
- 2 EL Haferflocken
- 2 TL Backpulver
- 50 g Zucker
- 1 Tütchen Bourbon-Vanillezucker
- 125 g weiche Butter
- 2 Eier, Größe M

Noch fruchtiger werden die Apfel-Zitronen-Muffins, wenn man sie kalt mit einer Mischung aus Puderzucker und Zitronen- oder Apfelsaft bestreicht!

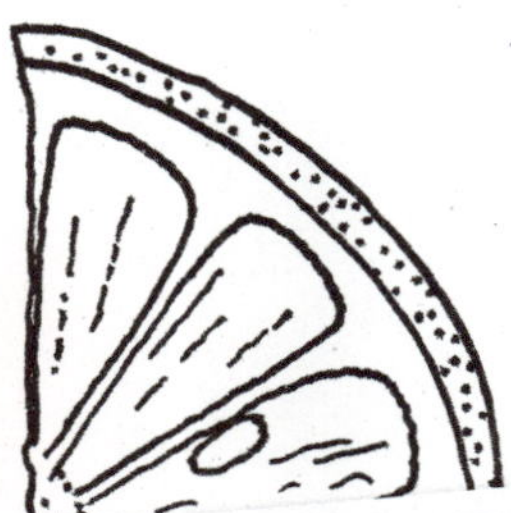

TIPPS FÜR ELTERN:

→ *Besonders cremig wird der Pudding, wenn man 10 g Stärke durch 1 EL Sojamehl ersetzt.*

→ *Echtes Vanille-Aroma aus dem Backregal ist hier praktischer als eine Vanilleschote. Kurkuma (Gelbwurz) macht den Pudding gelb, schmeckt aber nicht durch.*

SCHOKOLADENPUDDING ◆ 170 KCAL, 7 g E, 7 g F, 22 g KH, 1 g B VANILLEPUDDING ◆ 150 KCAL, 5 g E, 2 g F, 30 g KH

SCHOKO- UND VANILLEPUDDING

Pudding aus der Tüte? Ihr könnt ihn doch auch mal selber machen – und dabei entscheiden, ob ihr lieber Vollmilch- oder Zartbitter-Schokolade hineintut oder vielleicht Vanillepudding noch besser findet. Egal, welche Sorte ihr macht: Es wird auf jeden Fall ein toller Nachtisch!

ZUTATEN FÜR 4 PORTIONEN

SCHOKOLADENPUDDING

3 EL Zucker
1 EL Kakao, ungesüßt
40 g Stärke
500 ml Milch
50 g Schokolade, Vollmilch oder Zartbitter

❶ In einer kleinen Schüssel mischt ihr Zucker, Kakao und das Stärkepulver. Dann gebt ihr Löffel für Löffel 100 ml kalte Milch dazu und verrührt alles mit einem Schneebesen. Ihr müsst kräftig rühren und aufpassen, dass keine Klümpchen entstehen.

❷ 400 ml Milch in einem Topf langsam erhitzen, dabei die ganze Zeit rühren. Dann die Schokolade in Stücke brechen, in die Milch legen, schmelzen lassen und etwas umrühren. Nacheinander 4 bis 5 EL von der heißen Schokomilch in die kleine Schüssel geben und alles verrühren. Dann diese Mischung in den Kochtopf mit der Schokomilch gießen und alles zusammen kurz aufkochen, dabei wieder umrühren. Sobald es anfängt zu kochen müsst ihr den Topf sofort von der Herdplatte ziehen, aber noch 2 Min. weiterrühren. Den Schokopudding in eine Schale umfüllen und kalt werden lassen.

ZUTATEN FÜR 4 PORTIONEN

VANILLEPUDDING

1 Tütchen echtes Vanille-Aroma (Backregal)
ein bisschen Kurkuma
3 EL Agavendicksaft (oder Zucker)
40 g Stärke
500 ml Milch

❶ Stärkepulver mit dem Vanille-Aroma und 1 Prise Kurkuma mischen. Eine Prise ist soviel, wie man mit zwei Fingerspitzen aufnimmt, also sehr wenig. Dann mit 100 ml kalter Milch wie beim Schokopudding ohne Klümpchen verrühren. Diese Mischung kocht ihr mit 400 ml Milch auf, dabei das Umrühren nicht vergessen! Zwischendurch mischt ihr den Agavendicksaft unter.

❷ Umfüllen und kalt werden lassen (das dauert ein bisschen). Wer keine Haut auf dem Pudding mag, sollte ihn immer wieder mal umrühren. Oder eine Frischhaltefolie direkt auf den Pudding legen – das geht auch beim Schokopudding.

FÜR DIE KLEINSTEN

Nie wieder wächst ein Kind so schnell wie in den ersten Monaten. Ein gesunder Säugling hat nach fünf bis sechs Monaten sein Geburtsgewicht verdoppelt. Und mit einem Jahr wiegt er ungefähr dreimal so viel wie am ersten Tag. Kein Wunder, dass Kinder für diesen Entwicklungssprung besonders viel Energie brauchen. Und natürlich die richtigen Nährstoffe.

WAS DAS BABY JETZT BRAUCHT

Anfangs ist Muttermilch für die Minis das Beste. Spätestens nach 6 Monaten sind mehr Nährstoffe nötig. Jetzt lernt das Baby langsam löffeln und Festes schlucken. Ob Gemüse, Fleisch oder Milchbrei – das alles können Sie gut selber kochen. Gläschenkost hat aber auch Vorteile.

Vegetarisch ist ok

Dass manche Eltern für ihre Kleinsten kein Fleisch mögen, begeistert Ernährungsexperten nicht. Es ist aber möglich, sagt das Forschungsinstitut für Kinderernährung (FKE). Dabei geht's vor allem um Eisen. Das steckt auch in Haferflocken und Hirse. Da der Körper es aus Pflanzen schlechter als aus Fleisch aufnimmt, ist laut FKE Vitamin C besonders wichtig – es hilft dem Nachwuchsvegetarier, den Biostoff so gut wie möglich zu nutzen. Saft oder Obst zum Nachtisch bieten sich dafür an.

Natürlich ist jedes Baby anders, schon von Anfang an ein kleiner Individualist. Trotzdem gilt für alle: Je einfacher die Ernährung, desto besser. Ob spezielle Babysäfte oder Kindermilch aus dem Regal, ob Fertigbrei oder Gläschenkost– vieles ist überflüssig. Schon deshalb, weil oft zu viele Zutaten drinstecken. Denn dem kleinen Organismus kommt es vor allem auf die Nährstoffe an.

VOM BREI ...

→ Frühestens ab dem 5. Monat, spätestens ab dem 7. ist es soweit: Jetzt gibt's zum ersten Mal Brei. Das ist meist mittags, erst Gemüse pur, dann kommen Fleisch und Kartoffeln dazu. Wichtig werden unter anderem ungesättigte Fettsäuren aus Pflanzenöl, Ballaststoffe, Vitamine und Mineralstoffe wie Eisen. Im Verhältnis zu seinem Gewicht braucht das Baby jetzt mehr Eisen als jemals später in seinem Leben. Der Mineralstoff kommt vor allem aus Fleisch. Vitamin C ist wichtig, um das Eisen aus Fleisch, Gemüse und Hafer- oder Hirseflocken besser zu verwerten. Der Vitamin C-Gehalt von Gemüse ist etwas knapp. Obstsaft, vor allem Orangensaft, hat mehr, deshalb wird er bei unseren Rezepten dazugegeben.

→ Etwa einen Monat später, also frühestens vom 6. Monat an, entfällt eine weitere Milchmahlzeit. Dafür kommt der Milch-Getreidebrei zum Abend. Der liefert viele Mineralstoffe, vor allem den Knochenstoff Kalzium. Hier wird Kuhmilch wichtig, sie bietet mehr Kalzium als Muttermilch. Mehr Milch als für den Brei sollte es aber nicht sein, damit wäre der Organismus vorläufig überfordert.

→ Etwa einen weiteren Monat später fällt wieder eine Trinkmahlzeit weg, stattdessen gibt es für eine bessere Versorgung mit Vitaminen einen Obst-Getreide-Brei. Da Milch das Eisen aus dem Getreide schlechter nutzbar machen würde, werden diese Breie mit Wasser angerührt.

... ZUM ERSTEN BROT

Etwa ab dem 10. Monat fängt das Baby langsam an, mit der Familie zu essen. Es sitzt im Hochstuhl mit am Tisch, die Brei-Mahlzeiten werden nach und nach ersetzt, beispielsweise durch Brot. Das Mittagsmenü bekommt es nicht mehr püriert, sondern mit der Gabel zerdrückt. Weiter Stillen ist ok, das Baby sollte aber spätestens jetzt lernen, aus der Tasse zu trinken. Nuckeln aus Flaschen ist auf Dauer nicht gut für die Zähne, selbst wenn es nur Wasser ist.

GUT FÜRS WACHSTUM

Ob vegetarisch oder nicht – Säfte mit viel Vitamin C verhelfen dem Körper im Wachstum zu mehr Eisen. Am meisten enthält Orangensaft. Es muss nicht spezieller Babysaft sein. Wichtig ist auch Fett, betont das Forschungsinstitut für Kinderernährung (FKE), am besten Rapsöl. Babys brauchen viel Energie, die Menüs sollen sie sättigen. Sonst essen sie mehr Milchbrei, knabbern Kekse: Die Nährstoffe sind auf Dauer nicht ausgewogen.

EINFACHE ZUTATEN

Ob gekauft oder selbst gekocht: Je einfacher, desto besser. So lässt sich leichter feststellen, ob das Kleine etwas nicht verträgt. Und es kann den Eigengeschmack der Zutaten besser kennenlernen. Überflüssig sind Bindemittel, ebenso Würze durch Zwiebeln, Kräuter, Salz. Auch Milch gehört hier nicht rein. Sie ist wichtig, aber nicht in allen Mahlzeiten, weil sie die Bioverfügbarkeit von Eisen reduziert.

GLÄSCHEN KAUFEN ODER SELBER KOCHEN?

Klar, Babymenüs im Gläschen sind auch für den Vorrat praktisch, absolut sicher – aber teurer. Selbstgekochtes ist günstiger, schmeckt individueller, man weiß, was man hineingetan hat. Der Zeitaufwand lässt sich mit Vorkochen und Einfrieren minimieren. Und die Schadstoffe? Selbstgekochtes ist sicher genug, sagt das FKE, Bio-Zutaten sind nicht nötig, geben aber vielen Eltern ein besseres Gefühl.

ALLERGIEN WEGFUTTERN

Schonen schützt nicht vor Allergien – im Gegenteil. Inzwischen weiß man: Der Organismus soll im zweiten Halbjahr nach und nach mit anderen Lebensmitteln in Kontakt kommen. Er muss sich zu bestimmten Zeiten an sie gewöhnen, sonst drohen Allergien erst recht. Überholt ist es, Kindern, deren Eltern an Allergien leiden, vorbeugend keinen Fisch oder kein Ei zu geben. Kritisch kann in seltenen Fällen (Zöliakie) das Getreide-Eiweiß Gluten sein, das beispielsweise in Weizen steckt. Auch das sollte man aber nicht vorsichtshalber meiden, sondern gezielt einführen: Während der Stillzeit, aber nicht vor dem 5. und nicht nach dem 7. Monat. Fazit: Füttern Sie Brei nicht vor dem 5. Monat und führen Sie nicht zu früh zu viele Lebensmittel ein. Besser ist es, langsam eins nach dem anderen zu geben, das senkt das Allergierisiko.

WAS DAS BABY NICHT BRAUCHT

Industrielle Säuglingsmilch mit 2 oder 3 im Namen: Die Erstmilch mit 1 oder Pre im Namen ist für das ganze erste Jahr ok.

Zusätzliche Fertigbreie mit Joghurt, Keks und Schokolade: Sie gewöhnen unnötig früh an Süßes. Mit Quark oder auch Joghurt enthalten sie außerdem zu viel Eiweiß für Babys Nieren.

Sogenannte Kindermilch in Flaschen oder im Tetrapack: Bis zum ersten Geburtstag reichen Muttermilch oder industrielle Anfangsnahrung. Danach ist ganz normale Kuhmilch angesagt, H-Milch ist absolut in Ordnung.

MIT GEMÜSE FÄNGT ES AN

Mit diesen Rezepten lassen sich jeweils 12 klitzekleine Startmahlzeiten von jeweils etwa 50 g herstellen. Das ist vor allem für die ersten Brei-Versuche praktisch. Wenn es mit dem Löffeln klappt und der Appetit größer wird, ergeben 2 bis 3 Miniportionen den Gemüseanteil eines Babymenüs.

Abwechseln Je einfacher die Zutaten, desto besser. Das Kind ist anfangs am besten mit einem einzigen Gemüse bedient, das man nach einiger Zeit wechselt. So lässt sich feststellen, ob es etwas nicht verträgt und es lernt neue Sorten kennen. Möhren pur sind meist der Anfang, Pastinaken sind auch gut. Möhren wirken manchmal stuhlfestigend, dann Kartoffeln untermischen. Die kommen mit größerem Appetit in den Menüs sowieso dazu.

Einfrieren und auftauen Was zu viel gekocht wurde, hält sich gut verschlossen einen Tag im Kühlschrank oder wird gleich eingefroren. Wichtig: Reste einer Mahlzeit nicht wieder erwärmen, sondern entsorgen.

❶ Das Gemüse waschen, schälen, kleinschneiden, beim Brokkoli auch die Stiele schälen.

❷ Mit etwa 300 ml Wasser bei großer Hitze aufkochen, die Hitze runterschalten, mit Deckel 15 Minuten gar ziehen lassen.

❸ Mit etwas Kochwasser zu einem lockeren Brei pürieren. Beim Füttern dann schon mal portionsweise 1 kleinen TL Rapsöl dazugeben.

ZUTATEN FÜR JE ETWA 600 G

MÖHRCHEN-BREI

450 g Möhren

MÖHREN-FENCHEL-BREI

300 g Möhren
150 g Fenchel ohne Grün

PASTINAKEN-KARTOFFEL-BREI

300 g Pastinaken
150 g Kartoffeln, vorwiegend festkochend

BROKKOLI-KARTOFFEL-BREI

300 g Brokkoli
150 g Kartoffeln, vorwiegend festkochend

Am einfachsten ist: größere Mengen kochen, portionsweise einfrieren. So muss man nichts wegwerfen. Nehmen Sie dafür Eiswürfelbereiter, die Würfel entsprechen etwa je einer Portion. Den eingefrorenen Gemüsebrei dann kurz vor dem Füttern im Wasserbad oder in der Mikrowelle auftauen.

BABYMENÜS – KULINARISCH UND GESUND

FÜR JE 3 PORTIONEN À ETWA 190 g

KÜRBIS-KARTOFFELBREI MIT RINDFLEISCH

100 g Rindertatar
300 g Hokkaidokürbis
150 g Kartoffeln, vorwiegend festkochend
3 x 30 ml Orangensaft
3 x 2 TL Rapsöl

KOHLRABI-KARTOFFELBREI MIT HÜHNCHEN

100 g Hühnerfilet
300 g Kohlrabi
150 g Kartoffeln
3 x 30 ml Orangensaft
3 x 2 TL Rapsöl

ZUCCHINI-KARTOFFELBREI MIT PUTE

100 g Putenbrustfilet
300 g Zucchini
150 g Kartoffeln
3 x 30 ml Apfelsaft
3 x 2 TL Rapsöl

Die Basiszutaten für die ersten Komplettmahlzeiten bleiben bis zum neunten Monat gleich – etwas Fleisch sollte immer dabei sein. Es ist der beste Lieferant von Eisen, das jetzt fürs Wachstum besonders wichtig wird. Vegetarisch geht's aber auch. Etwas Fett gehört dazu, jetzt sind Kalorien gefragt.

❶ Das Fleisch in kleine Stücke schneiden, in wenig Wasser weichkochen und pürieren.

❷ Gemüse schälen und in kleine Stücke schneiden, bei Zucchini die Kerne entfernen. Alles in wenig Wasser aufkochen, die Hitze reduzieren und etwa 20 Min. bei geschlossenem Deckel gar ziehen lassen. Pürieren oder zu Mus stampfen, mit dem Fleisch vermengen.

❸ Für eine Mahlzeit reicht ein Drittel der Portion, den Rest einfrieren. Vor dem Füttern Öl und Saft unterrühren.

Basisrezepte Als Basiszutaten für den fünften bis neunten Monat nennt das Forschungsinstitut für Kinderernährung (FKE) pro Portion anfangs 20 g Fleisch, dann 30 g. Dazu kommen 40 bis 50 g Kartoffeln oder gekochte Vollkornnudeln, 90 bis 100 g Gemüse, 2 TL Rapsöl und 30 bis 35 g Vitamin-C-reicher Orangensaft, um das Eisen aus dem Fleisch optimal zu nutzen.

Ideale Zutaten Anfangs vertragen die meisten Kinder Möhren am besten, später sind Blumenkohl, Fenchel, Pastinaken oder Brokkoli gute Varianten. Ideal ist mageres Rindfleisch, es liefert am meisten Eisen und Zink. Pute, Hühnchen oder Schwein sind Alternativen.

Keine Würze Ihnen schmeckt das Babymenü nicht? Das soll es auch nicht, für die Kleinsten sind Kräuter, Zucker und Salz überflüssig.

Vegetarische Menüs haben laut FKE dieselben Basiszutaten pro Portion, statt Fleisch aber 10 Gramm Haferflocken (plus 2 EL Wasser zum Ausquellen). Haferflocken enthalten viel Eisen, Hirseflocken noch mehr. Noch wichtiger als sonst: Saft mit viel Vitamin C, am besten O-Saft, damit der Körper das Eisen besser verwertet.

DER ABENDBREI MIT MILCH

Auch bei dem zweiten Brei, der ab dem 6. Monat hinzukommt, sollte man langsam beginnen. Erst schmecken ein paar Löffel voll, dann schon ein paar mehr. Manche Babys schlafen nach dem sättigenden Brei besonders gut. Aber nur manche – schon die Kleinsten sind ausgewachsene Individualisten.

Obst und Obstsaft sind süß genug, weiterer Zucker ist überflüssig, Honig sogar potentiell gefährlich. Er kann Botulismusbakterien enthalten, mit denen das junge Immunsystem noch nicht fertig wird.

Vollkorn wählen Als Flocken ist Vollkorn weich und zart. Instantflocken für den Anfang lösen sich gleich auf, andere müssen etwas quellen.

Tauschen Wenn alle abends warm essen, gibt's den Milchbrei zu Mittag. Dann können die Kleinsten ihr spezielles Menü mit den Großen bekommen. Nach und nach wird dann nicht mehr so stark püriert, das Kind lernt kauen und zerkleinern – und die Mengen werden zum Übergang ins zweite Lebensjahr größer.

HAFERFLOCKENBREI MIT APFEL

200 ml Vollmilch
2 EL blütenzarte Haferflocken
1/2 kleiner Apfel

❶ Die Milch erhitzen, die Haferflocken einrühren, kurz aufkochen und 3 Min. auf niedriger Stufe quellen lassen.

❷ Inzwischen den Apfel waschen, schälen, vierteln und entkernen. Mit einer Reibe fein reiben, unter die Haferflocken geben.

Für den Brei eignet sich jede pasteurisierte Milch, H-Milch ist völlig in Ordnung. Es sollte aber auf jeden Fall Vollmilch sein. Mehr Milch pro Tag ist nicht gut, damit wäre der Organismus noch überfordert.

HIRSEBREI MIT PFIRSICH

❶ Die Milch erwärmen, die Hirseflocken unterrühren und 3 Min. quellen lassen.

❷ Den Pfirsich schälen. Wenn das nicht so einfach klappt: über Kreuz einritzen und mit kochendem Wasser übergießen, halbieren und entkernen. Den Pfirsich zu dem Pürierstab geben, zu einem glatten Mus pürieren. Unter den Hirsebrei geben.

200 ml Vollmilch
20 g Hirseflocken
1/2 reifer Pfirsich

TRAUBEN-GRIESSBREI

❶ Die Milch erwärmen, den Grieß mit dem Schneebesen unterrühren und unter ständigem Rühren aufkochen. Bei kleiner Hitze etwa 5 Min. quellen lassen.

❷ Den Traubensaft unterrühren, kurz abkühlen lassen.

200 ml Vollmilch
20 g Grieß
3 EL Traubensaft, rot oder weiß

FRUCHTPÜREE AUF VORRAT

FÜR 10 PORTIONEN

APFEL-BIRNE-PÜREE

250 g Apfel
250 g Birne
100 ml Wasser
1 kleine Banane

Einfach pürieren und einfrieren – so haben Sie jederzeit einen angenehm süßen Obstmix ohne Zucker parat. Zwei Esslöffel passen zum Brei, im zweiten Jahr als Extra in Quark und Joghurt, statt Marmelade aufs Brot. In leere Joghurtbecher eingefroren ist es ein tolles Fruchteis.

❶ Obst schälen, vierteln, entkernen, in kleine Stücke schneiden, mit dem Wasser kurz aufkochen, die Hitze reduzieren, 10 Min. gar ziehen lassen.

❷ Mit den Bananenscheiben zu einem lockeren Brei pürieren. Falls er zu fest ist, löffelweise Wasser dazugeben. In kleinen Portionen einfrieren.

VARIANTEN

APRIKOSEN-BANANENPÜREE

250 g reife Aprikosen
1 kleinen Banane

Aprikosen mit heißem Wasser überbrühen und entkernen. Pürieren wie oben.

HIMBEER-BANANENPÜREE

250 g Himbeeren
2 Bananen

Beeren durch ein Sieb streichen, um die Kerne zu entfernen. Pürieren wie oben.

BEERENPÜREE

Je 200 g Heidel- und Himbeeren
300 g Erdbeeren

Kerne entfernen und pürieren wie oben.

HAFERFLOCKEN MIT BIRNE

FÜR 1 PORTION

100 ml Wasser
2 EL blütenzarte Haferflocken
1 kleine reife Birne, etwa 100 g
1 TL Rapsöl

Ab dem 7. Monat gibt's den dritten Brei aus Getreide plus Obst. Hier sind vor allem Vitamine und Mineralstoffe wichtig. Birne vertragen Babys anfangs besonders gut. Unsere Vorschläge orientieren sich am Basisrezept des FKE.

❶ Das Wasser aufkochen, die Haferflocken einrühren, etwa 5 Min. ohne Hitzezufuhr ziehen lassen.

❷ Die Birne waschen, vierteln und entkernen und pürieren. Zu den gut durchgezogenen Haferflocken geben und 1 TL Rapsöl unterrühren.

BANANEN-ZWIEBACK-BREI

Finden Sie heraus, was ihr Baby am besten verträgt. Und füttern Sie es damit, so oft es mag. Zwei bis drei Brei-Varianten reichen. In den ersten Monaten brauchen Kinder keine große Vielfalt, sondern verlässliche Zutaten.

❶ Das Wasser einmal aufkochen. Den Zwieback grob zerbröseln, auf einen tiefen Teller geben und mit dem heißen Wasser mit einer Gabel zu einem glatten Mus zerdrücken.

❷ Die Banane schälen, ebenfalls mit einer Gabel zu einem glatten Mus quetschen. Zu dem Zwiebackbrei geben und mit dem TL Öl zu einem gleichmäßig glatten Brei rühren.

FÜR 1 PORTION
2 Scheiben Vollkornzwieback
75 ml Wasser
1 kleine Banane
1 TL Rapsöl

KNÄCKEMUS MIT APFEL-BANANE

Babys vertragen rohes Obst. Keine Flocken im Haus? Ab dem 9. Monat etwa geht auch Vollkorn-Zwieback, -Knäcke oder -Kekse. Nur Milch ist beim Obst-Getreide-Brei unerwünscht. Sie bremst die Verwertung von Eisen.

❶ Den geschälten Apfel fein reiben oder mit wenig Wasser dünsten. Das Wasser aufkochen, das Knäckebrot in einen tiefen Teller bröseln, mit dem Wasser übergießen.

❷ Die Banane mit dem Apfel glatt pürieren. Mit 1 TL Rapsöl zu dem Knäckemus geben.

FÜR 1 PORTION
100 g Apfel
2 Scheiben Vollkornknäcke
50 ml Wasser
½ Banane
1 TL Rapsöl

WAS KOCHEN WIR, WENN ...

.... GÄSTE KOMMEN

Diese Rezepte sind etwas edler

- Geschmorter Fenchel
- Geschmorte Kalbsbäckchen
- Lachs mit Spitzkohl und Kartoffeln
- Plattes Hähnchen
- Schweinefilet mit Möhrchen
- Zucchini -Tomaten mit Filet
- Backkartoffeln und Huhn
- Möhren-Orangensuppe mit Scampi
- Bunte Beerengrütze mit Quarkcreme
- Blitzeis mit Himbeeren

... ES NOCH SCHNELLER ALS SCHNELL GEHEN SOLL

Diese Rezepte sind besonders fix fertig

- Blumenkohl-Brokkoli-Curry
- Farfalle mit Zucchini und Tomate
- Spaghetti mit Gemüsebolognese
- Couscous mit grünen Bohnen
- Ratatouille mit Couscous
- Chili ohne Chili
- Lachs mit Spinatsauce
- Mediterrane Fisch-Gemüse-Pfanne
- Gnocchi mit buntem Gemüse
- Pikante Kartoffelwaffeln
- Die schnellsten Bratkartoffeln der Welt
- Schokoknusper
- Schnelle (Geburtstags-)Torte

Eine Übersicht sämtlicher Rezepte finden Sie auf den nächsten Seiten

.... WENN VIELE KINDER KOMMEN

Diese Rezepte sind für mehrere gedacht oder lassen sich gut multiplizieren

- Pasta mit Tomatensauce
- Kartoffeltortilla mit Kohlrabi
- Möhren-Kartoffel-Gratin
- Lieblingsburger
- Gulasch mit Couscous und Möhren
- Möhrentopf mit Hackbällchen
- Chicken Nuggets (mit Gnocchi und Salat)
- Knusperfisch (doppelte Portion in der Fettpfanne)
- Orient-Ragout mit Kichererbsen
- Plattes Hähnchen
- Pizza (zwei Bleche)
- Sonntagsbraten mit Salbei
- Gemüsecreme mit kleinen Wienern
- Klassischer Nudelauflauf
- Makkaronigratin
- Pikanter Ofenschlupfer
- Fruchtiges Pain perdu
- Pikante Kartoffelwaffeln
- Müsliwaffeln mit Honigquark
- Klassische Lasagne (doppelte Portion in der Fettpfanne)
- Käsekuchen (doppelte Portion auf dem Blech)
- Möhrenkuchen
- Schmandkuchen

... WENN KINDERGEBURTSTAG GEFEIERT WIRD

- Dinkelkrosser
- Beerensaft
- Grünkernbällchen
- Gemüsesticks mit Allround-Dips
- Ketchup und Remoulade
- Frikadellen
- Gemüsespieße
- Nudelsalate
- Kartoffelsalate
- Bunter Obstsalat mit Nüssen
- Blitzeis mit Himbeeren
- Schokoknusper
- Käsekuchen
- Möhrenkuchen
- Schmandkuchen
- Muffins

... ES FÜR DEN KLEINEN HUNGER ODER ZUM MITNEHMEN SEIN SOLL

Diese Rezepte sind gut fürs Picknick, am Sandkasten – oder einfach zwischendurch

- Milchbrötchen
- Familiensalate
- Grünkernbällchen
- Obstspieße
- Ratatouille (als kalten Salat)
- Kartoffeltortilla mit Kohlrabi
- Gemüsesticks mit Allround-Dips
- Gemüsespieße
- Fruchtiges Pain perdu
- Müsliwaffeln mit Honigquark
- Frikadellen
- Roastbeef-Tramezzini
- Kartoffelsalate
- Bananenküchlein
- Blaubeer-Mandel-Pfannkuchen

REZEPTE

MENGENANGABEN:

TL	Teelöffel
EL	Esslöffel
g	Gramm
kg	Kilogramm
ml	Milliliter
l	Liter
cm	Zentimeter

ZEITANGABEN:

Min.	Minuten
Std.	Stunden

NÄHRWERTANGABEN:

kcal	Kilokalorien
E	Eiweiß
F	Fett
KH	Kohlenhydrate
B	Ballaststoffe

BACKTEMPERATUREN

Ober- und Unterhitze	Umluft	Gasherd
150 Grad	140 Grad	Stufe 1
180 Grad	160 Grad	Stufe 2
200 Grad	180 Grad	Stufe 3
225 Grad	200 Grad	Stufe 4
250 Grad	220 Grad	Stufe 5

REGISTER

N

O

P

Q

R

S

LENA ELSTER hat die Rezepte für dieses Buch ausgedacht und vielfach erprobt: Sie ist gelernte Köchin, Mutter und Betreiberin eines Cateringunternehmens für Tagesmütter und Kitas. Deswegen weiß sie genau, was Kinder brauchen und gerne mögen.

DOROTHEE SOEHLKE-LENNERT arbeitete in der Redaktion der Zeitschrift test im Ernährungsressort. In den letzten Jahren hat sie viele erfolgreiche Kochbücher verfasst.

IMPRESSUM

Stiftung Warentest
Lützowplatz 11–13
10785 Berlin
Telefon 0 30/26 31–0
Fax 0 30/26 31–25 25
www.test.de

VORSTAND: Hubertus Primus
WEITERES MITGLIED DER GESCHÄFTSLEITUNG:
Dr. Holger Brackemann
(Bereichsleiter Untersuchungen)

PROGRAMMLEITUNG: Niclas Dewitz

KONZEPTION UND PROJEKTLEITUNG:
Niclas Dewitz, Ramona Jäger
AUTORINNEN: Lena Elster, Dorothee Lennert
LEKTORAT: Florian Ringwald
KORREKTORAT: Dr. Brigitte Schöning, Osnabrück

FACHLICHE UNTERSTÜTZUNG: Prof. Dr. med. vet. Helmut Erbersdobler, Kiel; Prof. Dr. troph. Mathilde Kersting, Forschungsinstitut für Kinderernährung, Dortmund (www.fke-do.de)
ART DIREKTION, LAYOUT, SATZ:
Silvia Pohling, Andrea Jaschinski
ILLUSTRATIONEN: Justine Göhrke, Berlin
REZEPTFOTOGRAFIE: Peter Schulte, Hamburg
FOTOASSISTENZ REZEPTE: Christin Schwarzer
FOODSTYLING: Nicole Müller-Reymann
ALLE ANDEREN FOTOS: Philipp Horak, Wien

Besonderer Dank an die Kinder des Walderlebniskindergartens Die Heidenörggele, Dresden und die kleinen großen Köchinnen und Köche vom Hamburger Kinderkochkurs.

PRODUKTION: Vera Göring
VERLAGSHERSTELLUNG: Rita Brosius (Ltg.), Susanne Beeh
LITHO: tiff.any GmbH, Berlin
DRUCK: Offizin Andersen Nexö Leipzig GmbH, Zwenkau

EINZELBESTELLUNG:
Stiftung Warentest
Tel. 0180 5/00 24 67
Fax 0180 5/00 24 68
(je 14 Cent pro Minute aus dem Festnetz, maximal 42 Cent pro Minute aus dem Mobilfunknetz)
www.test.de

ISBN: 978-3-86851-051-5